Dud

ALL

CW01468261

# Duden

# Frisches Wissen

**Smartphone, Smoothie, Sommermärchen
Neue Begriffe des 21. Jahrhunderts**

**Duden**

Berlin · Mannheim · Zürich

**Bibliografische Information der Deutschen Nationalbibliothek**
Die Deutsche Nationalbibliothek verzeichnet diese Publikation in der
Deutschen Nationalbibliografie; detaillierte bibliografische Daten
sind im Internet über http://dnb.d-nb.de abrufbar.

Es wurde größte Sorgfalt darauf verwendet, dass die in diesem Werk
gemachten Angaben korrekt sind und dem derzeitigen Wissensstand entsprechen. Für im Werk auftretende Fehler können Autor, Redaktion
und Verlag aber keine Verantwortung und daraus folgende oder sonstige
Haftung übernehmen.

Namen und Kennzeichen, die als Marken bekannt sind und entsprechenden Schutz genießen, sind durch das Zeichen ® geschützt.
Aus dem Fehlen des Zeichens darf in Einzelfällen nicht geschlossen
werden, dass ein Name frei ist.

Das Wort Duden ist für den Verlag Bibliographisches Institut GmbH
als Marke geschützt.

Das Werk einschließlich aller seiner Teile ist urheberrechtlich geschützt.
Jede Verwertung außerhalb der Grenzen des Urheberrechtsgesetzes
ist ohne Zustimmung des Verlags unzulässig und strafbar. Das gilt ins-
besondere für Vervielfältigungen, Übersetzungen, Mikroverfilmungen
und die Einspeicherung und Verarbeitung in elektronischen Systemen.

Alle Rechte vorbehalten. Nachdruck, auch auszugsweise, verboten.

© Duden 2013    D C B A
Bibliographisches Institut GmbH
Bouchéstraße 12, 12435 Berlin

ISBN 978-3-411-71125-3

Auch als E-Book erhältlich unter
ISBN 975-3-411-90766-3

**Redaktionelle Leitung** Julia Prus
**Autor** Dr. Alexander Emmerich
**Herstellung** Judith Diemer
**Layout** Horst Bachmann, Weinheim
**Umschlaggestaltung** glas-ag, Seeheim-Jugenheim
**Umschlagabbildungen** © yellowj – Fotolia.com
**Satz** Sigrid Hecker, Mannheim
**Druck und Bindung** Offizin Andersen Nexö Leipzig GmbH
Spenglerallee 26–30, 04442 Zwenkau

www.duden.de

# Kennen Sie heute?

Wissen Sie, was eine „Gabione", ein „Segway" oder ein „Giga-liner" ist? Nein? Sicherlich haben Sie diese drei Begriffe schon einmal gehört. Wenn Sie dennoch nicht wissen, was sich hinter ihnen verbirgt, ist das keine Schande. Denn allesamt ent-standen sie erst im 21. Jahrhundert, also vor wenigen Jahren. Andere Begriffe dagegen, etwa „E-Book" oder „Bagel", gab es bereits vor der Jahrtausendwende. Doch den Weg in den allgemeinen Sprachgebrauch – und damit in den „Duden" – fanden sie erst danach. Alle diese Bezeichnungen gehören heute fest zum Wortschatz der Allgemeinbildung. Sie begegnen uns im Alltag, in Beruf und Freizeit, und es wird erwartet, dass man sie kennt.

Wenn Sie also „die Sprache von heute" verstehen und Ihre Allgemeinbildung auf den neuesten Stand bringen möchten, haben wir mit dem Band „Frisches Wissen" genau das Richtige für Sie! In 33 alphabetisch geordneten Kapiteln zu einzelnen Lebenswelten finden Sie über 500 Stichwörter, die den Grundbestand der Allgemeinbildung seit dem Jahr 2000 erweitert haben. 30 optisch hervorgehobene Infokästen beinhalten unsere Top Artikel, also Begriffe, die aus dem heutigen Sprachgebrauch nicht mehr wegzudenken sind. Alle Kapitel und die darin enthaltenen Top Artikel sehen Sie im Inhaltsverzeichnis zusammengefasst. Tabellen bieten Ihnen einen schnellen Überblick etwa über Berufsbezeich-nungen, die aus dem Englischen ins Deutsche eingewandert sind. Zahlreiche Bilder ergänzen die knappen, aber stets informativen Texte. Begriffe, deren Aussprache Schwierig-keiten bereiten könnten, haben wir für Sie mit Lautschrift versehen. Alle Einträge des Buches und viele weitere interes-sante Stichwörter finden Sie in einem umfangreichen Re-gister am Ende dieses Bandes, sodass Sie Ihr Wissen schnell und problemlos auffrischen können.

Viel Vergnügen beim Nachschlagen, Schmökern und Erinnern wünscht Ihnen

Ihre Dudenredaktion

# Inhaltsverzeichnis

Hier sehen Sie alle 33 Kapitel mit den darin enthaltenen Top Artikeln
auf einen Blick.

# Automobil

Die allgemeine Digitalisierung der Technologie verwandelte im 21. Jahrhundert die Welt des Automobils und brachte neue Systeme und Techniken hervor. Hinzu kam die Ressourcenknappheit, sodass auch der Energieverbrauch der Autos eine dominierende Rolle spielte.

## Einparkhilfe

Galten vor wenigen Jahrzehnten noch die Heckflossen eines Straßenkreuzers als Einparkhilfen, so hat die fortschreitende Technologisierung gleich mehrere Systeme hervorgebracht, die dem Fahrer das Einparken erleichtern sollen.

Entweder rein optisch oder optisch und akustisch wird dem Fahrer mithilfe eines ultraschallbasierten, kamerabasierten oder radarbasierten Systems der verbleibende Abstand bis zu einem Hindernis angezeigt.

## Dreiliterauto

Um möglichst viel Energie einzusparen und den Verbrauch der Autos – der 2010 durchschnittlich zwischen sieben und neun Litern lag – zu reduzieren, entwickelte die Industrie Niedrigenergiefahrzeuge. Bei Modellen mit Verbrennungsmotoren sind auch Bezeichnungen geläufig, die sich an dem Kraftstoffverbrauch pro 100 Kilometer orientieren – wie es auch beim Dreiliterauto der Fall ist.

## Fahrerassistenzsystem

Fahrerassistenzsysteme sind elektronische Zusatzeinrichtungen in Kraftfahrzeugen zur Unterstützung des Fahrers in bestimmten Fahrsituationen. Hierbei stehen oft Sicherheitsaspekte, aber auch die Steigerung des Fahrkomforts sowie die Verbesserung der Ökonomie im Mittelpunkt.

Sie greifen teilautonom oder autonom in Antrieb, Steuerung oder Signalisierungseinrichtungen des Fahrzeuges ein oder warnen den Fahrer kurz vor oder während kritischer Situationen im Straßenverkehr. Zu den bekanntesten Systemen gehören das ABS (Antiblockiersystem), die Lichtautomatik bei Eintritt der Dunkelheit sowie automatische Wischblätter, die starten, sobald Regentropfen auf die Sensoren des Autos treffen.

## Partikelfilter

Ein Partikelfilter, oder auch Dieselpartikelfilter, ist eine Einrichtung zur Reduzierung der im Abgas von Dieselmotoren vorhandenen Partikel. Diese Partikel gelten als krebserregend und sollen daher gefiltert werden.

Der erste serienmäßig in ein Kraftfahrzeug eingebaute Partikelfilter war ein Rußpartikelfilter für die Fahrzeuge der beiden Marken Peugeot und Citroën ab dem Jahr 2000. Dem Kunden wurden diese Modelle durch steuerliche Vergünstigungen schmackhaft gemacht.

## Gigaliner

Der Gigaliner, auch Eurocombi genannt, ist ein Lastkraftwagen, der die gewöhnlich zugelassene Gesamtlänge von 18,75 Metern überschreitet. Er ist in manchen Ländern Europas, auch in Deutschland, zugelassen und erreicht eine maximale Länge von 25,25 Metern.

Mit der Zulassung dieser Gigaliner wollte der Gesetzgeber die Effizienz von Lastkraftwagen erhöhen. Auf bestimmten Strecken dürfen diese nun mit zwei Anhängern oder einem großen Anhänger die Straßen befahren, solange die Gesamtlänge nicht überschritten wird.

## Tempomat

Ein Tempomat ist ein elektronischer Regler, der es dem Fahrer eines Kraftfahrzeugs ermöglicht, eine bestimmte Geschwindigkeit fest einzustellen. Hierzu wird die Kraftstoffzufuhr an den Motor so geregelt, dass die zuvor eingestellte Geschwindigkeit nicht unter- oder überschritten wird.

Da immer nur so viel Kraftstoff an den Motor abgegeben wird, wie es die Geschwindigkeit erfordert, spart das Fahrzeug bei langen Strecken mit gleichbleibender Geschwindigkeit auf Autobahnen oder Landstraßen Kraftstoff.

Aus Sicherheitsgründen schaltet der Tempomat bei jeglichem Eingriff in die Pedalik wie die Betätigung des Brems- oder Kupplungspedals sofort ab und der Fahrer hat wieder die alleinige Kontrolle über die Geschwindigkeit des Wagens.

# Bauwesen

Jedes Jahrzehnt hat seine Bauwerke und seine Architektur. Zugleich treiben immer neue Herausforderungen Architekten und Bauingenieure zu immer neuen Superlativen. Dadurch entstehen Gebäude und städtebauliche Maßnahmen, die durchaus typisch für ihre Zeit sind.

## Gabione

In der Landschaftsarchitektur hat die Gabione Einzug gehalten. Sie wird auch Steinkorb, Schüttkorb oder Schotterkasten genannt und besteht aus einem Drahtgehäuse, das mit den unterschiedlichsten Steinarten aufgefüllt ist. Sie dient zwei unterschiedlichen Zwecken: Einerseits verzieren Gabionen Gartenanlagen und öffentliche Plätze, andererseits dienen sie als Befestigung von Deichen und Wällen sowie als Sicht- oder Lärmschutz.

Aus **Gabionen** errichtete Lärmschutzwälle finden sich häufig an verkehrsreichen Straßen.

## Megacity

Offensichtlich reichte der Ausdruck Weltmetropole nicht mehr aus, sodass sich ein neuer Begriff herausbildete: Megacity. Dieser Ausdruck bezieht sich auf die größten Städte und urbane Ballungsgebiete dieser Welt mit mehr als zehn Millionen Einwohnern. Aber auch Metropolregionen wie die Metropolregion Rhein-Ruhr, die aus mehreren Städten besteht, können als Megacitys bezeichnet werden.

Im Unterschied zum Ausdruck Weltstadt bezieht sich der Begriff Megacity ausschließlich auf eine quantitative Definition.

| Tokio-Yokohama | 37 000 000 Ew. |
|----------------|----------------|
| Mexiko-Stadt   | 23 600 000 Ew. |
| New York       | 23 300 000 Ew. |
| Seoul          | 22 600 000 Ew. |
| Mumbai         | 21 900 000 Ew. |

Stand: 31. Dezember 2010

### Burj Khalifa

[bʊrdz xaˈliːfa] Der Burj Khalifa, ehemals Burj Dubai, ist sowohl das höchste Bauwerk wie auch das höchste Gebäude der Welt. Auf Deutsch bedeutet der Name des Wolkenkratzers „Turm des Kalifen". Die Arbeiten an diesem ehrgeizigen Bauprojekt begannen im Jahr 2004. Im April 2008 erreichte der Burj Khalifa die notwendige Höhe, um das Taipei Financial Center in Taiwan als höchstes Gebäude der Welt abzulösen. Fertiggestellt wurde das Projekt Ende 2009, eingeweiht wurde der Burj Khalifa am 4. Januar 2010.
Übrigens: Bei einer Höhe von 828 Metern besitzt dieser Wolkenkratzer weltweit die meisten Stockwerke und beherbergt auch das höchstgelegene nutzbare Stockwerk.

### Gentrifizierung

Gentrifizierung beschreibt die urbane Verwandlung eines ehemals sozial schwachen Gebiets oder eines Industriegebiets durch den Zuzug von höher gestellten Mittelklassefamilien und Künstlern. Dadurch wird in der Regel das gesamte Wohnviertel aufgewertet, sodass weitere statushöhere Einwohner hinzuziehen. In Berlin vollzog sich ein entsprechender Prozess im Stadtteil Prenzlauer Berg, in Köln in Ehrenfeld und in Mannheim im Stadtviertel Jungbusch.

### Holocaustmahnmal

„Holocaustmahnmal" ist eine weitere Bezeichnung für das „Denkmal für die ermordeten Juden Europas", die unter der Herrschaft der Nationalsozialisten von 1933 bis 1945 ihr Leben ließen. Es wurde von dem New Yorker Architekten Peter Eisenman entworfen und befindet sich im Zentrum Berlins unweit des Reichstages und des Brandenburger Tors.
Das Mahnmal wurde am 10. Mai 2005 feierlich eröffnet und ist für die Öffentlichkeit frei zugänglich. Es besteht aus einem Stelenfeld und einem Ort der Information.

Die begehbare **Gedenkstätte** besteht aus 2711 Stelen und erstreckt sich über ein 19 000 m² großes Gelände.

# Berufsleben

Anglizismen, die Internationalisierung und der Einzug der digitalen Medien in die Berufswelt haben hier deutliche Spuren hinterlassen. So entstanden nicht nur neue Berufe, auch alte Bezeichnungen wurden modernisiert.

### Headhunter

Die neuen Berufsbezeichnungen führten zu einer unübersichtlichen Situation am Arbeitsmarkt und zu neuen Rekrutierungsmaßnahmen. Vor allem in der Wirtschaft bemühen sich Headhunter, Spezialisten für ausgeschriebene Stellen zu finden. Sie handeln als Personalvermittler im Auftrag von Kunden, die eine Position neu zu besetzen haben, diese aber aufgrund der möglichen Vielzahl an Bewerbungen nicht öffentlich ausschreiben möchten. In ihrem Auftrag soll der Headhunter eine kleine, überschaubare Anzahl an möglichen Interessenten finden, um das Auswahlverfahren des Unternehmens zu erleichtern.

### Altersteilzeit

In Deutschland wie in Österreich ist die Altersteilzeit eine Möglichkeit, in den Jahren vor der eigentlichen Rente die Arbeitszeit zu reduzieren oder gar vorzeitig die aktive Tätigkeit zu beenden. Hierdurch wird zusätzlich Platz für jüngere Arbeitnehmer geschaffen.

### Bundesagentur für Arbeit

Um moderner zu wirken und sich den Herausforderungen des aktuellen Arbeitsmarktes zu stellen, wurde die Bundesanstalt für Arbeit reformiert. Neben internen Stellenstreichungen und Umstrukturierungen erhielt das Amt einen neuen Namen: Bundesagentur für Arbeit. Dahinter steckte der Wunsch, dass die Einrichtung weniger als Amt, sondern mehr als handelnder Partner, eben als Agentur, wahrgenommen wird. Diese Umstellung war Teil der Hartz-Reformen, deren vierte Stufe – Hartz IV – stark in die Kritik geriet. Die Umstrukturierung zur Agentur für Arbeit trat als Hartz III am 1. Januar 2004 in Kraft.

### Ein-Euro-Job

Bei einem Ein-Euro-Job handelt es sich um eine sozialversicherungsfreie Beschäftigung, deren Aufgabenbereich im öffentlichen Interesse und wettbewerbsneutral sein soll. Der Ein-Euro-Jobber erhält zusätzlich zum Arbeitslosengeld II eine Aufwandsentschädigung, die mindestens einem Euro pro Stunde entspricht.

### Homeoffice

Da immer mehr Unternehmen die laufenden Kosten herunterfahren, wird bisweilen auch an eingerichteten Büros gespart. Dies hat zur Folge, dass einige Arbeitnehmer teilweise oder komplett von zu Hause aus arbeiten und dort ein eigenes Büro unterhalten. Während der Arbeitszeiten sind sie online mit den Kollegen verbunden und kommen nur für Besprechungen in das Gebäude des Unternehmens. So sparen die Unternehmen die Ausstattung eines Arbeitsplatzes und der Arbeitnehmer die Fahrtkosten zum Arbeitsplatz.

### Corporate Identity

[ˈkɔːpərət aiˈdɛntəti] Die Corporate Identity bezeichnet die Identität eines Unternehmens in der Gesamtheit der kennzeichnenden und als Organisation von anderen Unternehmen unterscheidenden Merkmale. Zur CI gehören Corporate Design (visuelle Identität mit Logo und Unternehmensfarben), Corporate Communication (Unternehmenskommunikation), Corporate Behaviour (das Verhalten des Unternehmens nach außen), Corporate Philosophy (Selbstverständnis) und Corporate Culture (Verhalten nach innen).

### Trendscout

Der Beruf des Trendscouts kommt aus der Marktforschung. Seine Hauptaufgabe ist es, Trends in der Mode, bei Schmuck, Software, Lifestyle, Möbeln und Spielwaren zu analysieren und zu definieren. Er muss heute schon wissen, was morgen „in" sein wird. Die Ergebnisse einer solchen Analyse ermöglichen das frühzeitige Erkennen von Verbrauchergewohnheiten und sind Grundlage für künftige Produkte.

### Spin-off

Ganz allgemein bezeichnet der Ausdruck Spin-off einen „Ableger". Traditionell werden in den Unterhaltungs- und Massenmedien beispielsweise Serien als Spin-offs bezeichnet, deren Hauptfigur zuvor eine Nebenfigur in einer anderen Serie oder einem anderen Film war.
In der Wirtschaft bedeutet der Begriff eine Abspaltung einer Geschäftseinheit aus einem Unternehmen samt Firmenneugründung dieser Einheit zu einer eigenständigen Firma. Eine besondere Bedeutung haben Spin-offs bei börsennotierten Unternehmen, weil die Anteilseigner des bestehenden Unternehmens auch Anteile der neuen Firma erhalten.

## Assessment-Center

Ein Assessment-Center ist ein psychologisches Testverfahren, mithilfe dessen unter mehreren Bewerbern diejenigen ermittelt werden, die den Anforderungen eines Unternehmens für eine bestimmte Stelle am besten entsprechen. Hierzu müssen die Bewerber verschiedene Aufgabenstellungen meistern, während ihr Umgang bei der Lösungsfindung bewertet wird.

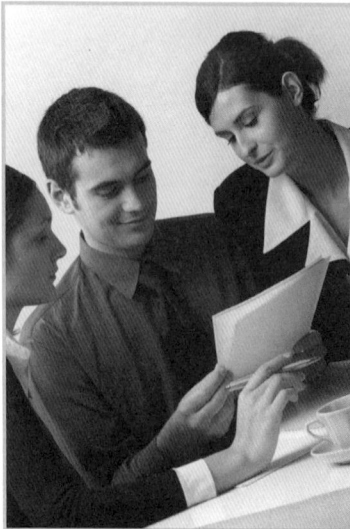

Interviews, Gruppenarbeiten und Rollenspiele gehören zu den Bestandteilen eines **Assessment-Centers**.

## Lohndumping

Von Lohndumping wird gesprochen, wenn ein Unternehmen seinen Angestellten lediglich Löhne zahlt, die unterhalb von den in Tarifverträgen der jeweiligen Branche festgelegten Löhnen liegen.

Alternativ wird dieser Begriff auch für den Fall verwendet, wenn ein Arbeitnehmer weniger als zwei Drittel des ortsüblichen Lohnes für eine gleiche Tätigkeit bei gleichem Dienstalter erhält.

## Jobhopping

Dieser Begriff bezeichnet einen häufigen Arbeitsplatzwechsel. Da die klassische Unternehmenskarriere vom Einstieg nach oder gar während der Ausbildung und der Verbleib in ein und derselben Firma bis hin zur Rente mittlerweile kaum mehr zu realisieren ist, versuchen immer mehr Arbeitnehmer durch häufiges Jobhopping ihre Arbeitsbedingungen zu optimieren.

Gerade bei der Vermittlung an einen neuen Arbeitsplatz durch einen Headhunter bietet sich dem Arbeitnehmer häufig die Möglichkeit, das eigene Einkommen zu verbessern.

## Sabbatical

[sə'bɛtɪk]] Das Sabbatical ist ein neuzeitliches Arbeitsmodell, das entweder ein Jahr Teilzeitarbeit oder ein Jahr Auszeit umfasst.

Der Begriff stammt aus dem amerikanischen Englisch und geht auf das biblische Sabbatjahr zurück, das als Ruhejahr für das Ackerland nach sechs Jahren Bebauung galt. In dieser Zeit sollte sich der Boden wieder erholen, so, wie sich heute im übertragenen Sinn der Arbeitnehmer erholen soll.

## Patchworkbiografie

Der Begriff Patchworkbiografie entstammt der heutigen Soziologie.
Er beschreibt einen Lebenslauf, der sich nicht durch Gradlinigkeit auszeichnet, sondern viele verschiedene Ausbildungs- und Berufsstationen beinhaltet. Flexible Arbeits- und Ausbildungsverhältnisse, Auslandsaufenthalte und Sabbaticals sind Bestandteil vieler heutiger Lebensentwürfe. Sie können zusammen mit Phasen längerer Arbeitslosigkeit oder langjährigen Studien zu einem Lebenslauf mit Lücken führen.
Diese Art der Lebensläufe entstand vor allem durch gesellschaftliche, soziale und wirtschaftliche Umbrüche der Gegenwart, die oft nichts über die Qualifikation der Einzelperson aussagen.

## Neue Berufsbezeichnungen für alte Jobs

| | |
|---|---|
| Accountant | Buchhalter |
| Accountmanager | Kundenberater |
| Artdirector | Grafiker |
| Chief Executive Officer (CEO) | Vorsitzender der Geschäftsführung |
| Chief Financial Officer (CFO) | Finanzvorstand |
| Contentmanager | Onlineredakteur |
| Controller | Rechnungsprüfer |
| Departmentmanager | Abteilungsleiter |
| Facilitymanager | Hausmeister |
| Flechtwerkgestalter | Korbmacher |
| Funeralmaster | Bestattungsunternehmer |
| Hairdesigner | Friseur |
| Managing Director | Geschäftsführer |
| Mechatroniker | Automechaniker |
| Multimediadesigner | Schriftsetzer |
| Officemanager | Büroleiter |
| Salesmanager | Verkaufsleiter |
| Tiermedizinischer Fachangestellter | Tierarzthelfer |

# Bildung

Der europäische Einigungsprozess übte großen Einfluss auf die Hochschul-
welt aus, die sich den Vereinheitlichungen Europas anpassen musste.
Weitere Veränderungen erlebte die Bildungswelt durch das in die Kritik
geratene Schulsystem in Deutschland.

## Exzellenzinitiative

Die Exzellenzinitiative von Bund und
Ländern wurde von der rot-grünen
Bundesregierung unter Kanzler
Gerhard Schröder (SPD) angestoßen.
Sie sollte die deutschen Universitäten
in Forschung und Lehre stärken
und gliederte sich in drei einzelne
Förderprogramme. Neben den besten
Graduiertenschulen und den besten
Forschungsclustern wurden vor allem
Universitäten für ihr Zukunfts-
konzept ausgezeichnet, was in der
Öffentlichkeit häufig als „Elite-
universität" bezeichnet wurde.

## G-8-Abitur

Um international konkurrenzfähig
zu sein und die jungen Menschen
schneller in den Beruf zu bringen,
wurde das Gymnasium neu struk-
turiert. Hierzu zählte vor allem die
Verkürzung der Schulzeit von 13
auf 12 Schuljahre. Das reformierte
Gymnasium dauert seither nur noch
acht Jahre, daher der Name G-8-
Abitur. Die Einführung des verkürz-
ten Abiturs wurde in den meisten
Bundesländern zwischen 2007 und
2012 durchgeführt.

## Juniorprofessur

Im Rahmen des Hochschulrahmen-
gesetzes wurde 2002 die Position der
Juniorprofessur an deutschen Hoch-
schulen eingeführt. Damit soll jungen
Wissenschaftlern mit herausragender
Promotion ohne die bisher übliche
Habilitation direkt die Forschung und
Lehre an Hochschulen ermöglicht
werden.

## PISA-Studie

Die PISA-Studien sind internationale
Untersuchungen der Schulleistungen
und werden von der OECD (Organisation for Economic Co-operation
and Development) alle drei Jahre
durchgeführt. Die Studie konzentriert
sich auf die Bereiche Lesekompetenz,
mathematische Kompetenz und natur-
wissenschaftliche Grundbildung. In
Deutschland sorgte die Veröffentlichung der ersten PISA-Studie aus dem
Jahr 2000 für ein enormes Medien-
echo. Im internationalen Vergleich
schnitten deutsche Schüler schlechter
ab als erwartet. Die Presse sprach von
einer Bildungsmisere und verwendete
den Ausdruck PISA-Studie als Synonym dafür.

## Bolognareform

Im Jahr 1999 unterschrieben 29 europäische Bildungsminister im italienischen Bologna gemeinsam einen Vertrag, um bis ins Jahr 2010 einen gemeinsamen europäischen Hochschulraum zu schaffen und die Abschlüsse zu vereinheitlichen. Damit sollte vor allem die Mobilität von Wissenschaftlern und Studierenden, die internationale Wettbewerbsfähigkeit und die Beschäftigungsfähigkeit gefördert werden. Hierzu zählt die Einführung eines Leistungspunktesystems (European Credit Transfer System), ein zweistufiges System von Studienabschlüssen (Bachelor und Master) sowie die generelle Förderung der Zusammenarbeit auf europäischer Ebene. Kritiker sehen in diesem Prozess eine Ökonomisierung der Bildung sowie eine Verschulung der Lehre wie auch Zwangshürden für die Masterstudiengänge.

## Kinderuni

Seit 2005 gibt es an über 50 deutschen Hochschulen Veranstaltungen, die unter dem Namen Kinderuni laufen und die Kindern Wissenschaft und Forschung einfach und verständlich näherbringen sollen. Somit soll der Nachwuchs für die Wissenschaft begeistert werden.

## Webinar

Dieser Neologismus setzt sich aus den Begriffen Web (für das Internet) und Seminar zusammen. Er bezeichnet ein Seminar, das beispielsweise von einer Fernuniversität über das World Wide Web angeboten wird. Das Webinar wird als vorteilhaft angesehen, da der Lehrende nicht vor Ort sein muss und zudem unbegrenzt Teilnehmer mitmachen können.

## Studiengebühren

Das Hochschulrahmengesetz des Bundes untersagte bis 2005 die Erhebung von Studiengebühren, bis mehrere unionsgeführte Länder dagegen klagten und recht erhielten. Die Studiengebühren wurden in sieben Bundesländern jedoch erst im Zuge der Erneuerung der Hochschullandschaft im Jahr 2007 eingeführt. Sie sind Mittel, die die Studierenden direkt an die Hochschule zahlen und einer Zweckbindung unterliegen. In vielen Bundesländern dürfen sie ausschließlich zur Verbesserung der Lehre eingesetzt werden und sollen somit direkt den Studierenden zugutekommen. Die Einführung der Studiengebühren rief auf studentischer Seite große Proteste und Demonstrationen hervor. In einigen Bundesländern wurden die Gebühren nach wenigen Jahren wieder abgeschafft, so z. B. in Hessen 2008 und in Baden-Württemberg 2012.

# Biowelle

Im Zuge der Friedens- und Umweltschutzbewegung der 1970er- und 1980er-Jahre erlebte die aus dem Altgriechischen stammende Vorsilbe „Bio" eine leichte Bedeutungsveränderung und steht seither stellvertretend für eine grüne, natürliche und gesunde Lebensweise.

## Biosiegel

Ein Biosiegel ist ein Güte- und Prüfsiegel, mit dem Erzeugnisse aus der ökologischen Landwirtschaft gekennzeichnet sind. Hierdurch soll ein Standard geschaffen werden, der von der Ökokontrollstelle der EU verwaltet wird. Der Kunde kann sich am Biosiegel orientieren und so die Ware kaufen, die er sich wünscht.

nach
EG-Öko-Verordnung

Das staatliche **Biosiegel** steht für eine ökologische Produktion und artgerechte Tierhaltung.

## Biosupermarkt

Waren früher Biosupermärkte noch eine Randerscheinung und traten überwiegend als kleine Gemüseläden in Erscheinung, gehören sie heute zum gängigen Bild vieler großer Städte. Biosupermärkte verkaufen Produkte aus natürlichem und ökologischem Anbau für Menschen, die an einer gesunden Ernährung interessiert sind.

Da sich in der Bevölkerung eine Auffassungswandlung bezüglich dieser Themen vollzieht, erfreuen sich die Biosupermärkte immer größerer Beliebtheit.

## Biogas

Mit Biogas wird ein brennbares Gas bezeichnet, das als Treibstoff verwendet wird. Es entsteht durch Vergärung von Abfällen und nachwachsenden Rohstoffen. In diesem Zusammenhang weist die Vorsilbe „Bio" nicht etwa auf den ökologischen Anbau der Bestandteile hin, sondern auf den pflanzlichen Ursprung des Treibstoffs. Hierin unterscheidet er sich deutlich vom fossilen Erdgas.

## Biotechnologie

Biotechnologie, manchmal auch Biotechnik oder Biotech, ist eine interdisziplinäre Wissenschaft, die sich mit der Nutzung von Enzymen, Zellen und Organismen in technischen Anwendungen beschäftigt.

Bereits seit dem Altertum nutzt die Menschheit Biotechnologien, beispielsweise bei der Herstellung von Brot, Käse, Bier und Wein. Die moderne Biotechnologie greift seit Mitte des 20. Jahrhunderts zunehmend auf molekularbiologische und gentechnische Methoden und Erkenntnisse zurück.

## Nachwachsende Rohstoffe

Nachwachsende Rohstoffe sind organische Rohstoffe, die zumeist aus landwirtschaftlicher Produktion stammen. Sie werden vom Menschen außerhalb des Nahrungszyklus verwendet.

Einige nachwachsende Rohstoffe werden zur Energiegewinnung genutzt, indem aus ihnen Biokraftstoff oder Biogas hergestellt wird. Man spricht dann auch von Energiepflanzen. Diesen Rohstoffen kommt im Zuge der Energiewende eine bedeutende Rolle zu, weil sie vor allem die fossilen Energieträger langfristig ersetzen sollen.

## Bionik

Die Bionik beschäftigt sich mit der Entschlüsselung von Erfindungen der Natur und geht dabei davon aus, dass sich in der Natur im Lauf der Evolution optimierte Strukturen und Prozesse herausgebildet haben, die der Mensch nutzen sollte.

Sie ist ein interdisziplinärer Bereich, in dem mehrere Naturwissenschaftler, Ingenieure und Wissenschaftler anderer Disziplinen zusammenarbeiten. Sprachlich betrachtet ist der Ausdruck ein Kofferwort, das sich aus den Begriffen Biologie und Technik zusammensetzt.

**Für Winglets – den Luftwiderstand reduzierende Verlängerungen an den Flugzeugflügeln – waren segelnde Vögel das Vorbild.**

# Computer

Seit der Computer Einzug in das alltägliche Leben gehalten hat, ist es beinahe schon Gewohnheit, dass er immer wieder Neuerungen mit sich bringt, die unser Leben direkt beeinflussen. Die Computerwelt wurde interaktiver und komplexer.

## Freeware

Unter dem Sammelbegriff Software läuft die Großzahl der ausführenden Programme und ihrer dazugehörigen Daten. Durch eine Software kann eine Hardware (Computer, Maschinen, Roboter) erst arbeiten.

Vor diesem Hintergrund bezeichnet der Ausdruck Freeware im allgemeinen Sprachgebrauch eine Software, die von ihrem Urheber zur kostenlosen Nutzung zur Verfügung gestellt wird.

## Landingpage

['lɛndɪŋpeɪdʒ] Eine Landingpage ist eine speziell eingerichtete und teilweise auch gesondert gestaltete Webseite, losgelöst vom eigentlichen Internetauftritt, die auf eine bestimmte Zielgruppe abgestimmt ist. Mithilfe von Werbemitteln, wie z. B. einem E-Mail-Newsletter, wird der Nutzer aufgefordert, die Landingpage zu besuchen. Manche dieser Webseiten existieren nur temporär und können vom Anbieter dafür genutzt werden, das Nutzerverhalten, wie z.B. die Klickrate, zu messen.

## Widget

['wɪdʒɪt] Ein Widget ist ein kleines, grafisches Fensterelement zur Steuerung eines bestimmten Programms. Es ist zumeist klein gestaltet und nimmt nur einen geringen Bereich des sichtbaren Bildschirms ein.

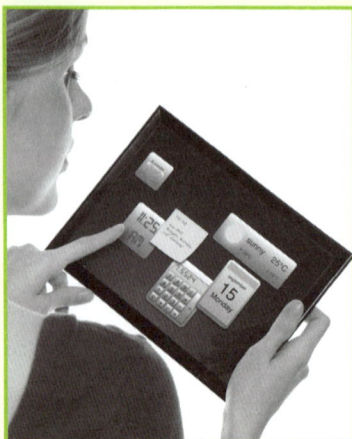

Uhrzeit, Wetter, Akkulaufzeit: **Widgets** zeigen stets aktuelle Informationen aus dem Internet oder zum Gerät an.

## Bug

[bag] Mit einem Bug ist ein Programm- oder ein Softwarefehler gemeint, der das allgemeine Fehlverhalten von Computerprogrammen bezeichnet. Dieses Fehlverhalten tritt zutage, wenn der Entwickler einen bestimmten Zustand beim Programmieren nicht berücksichtigt hat. Bei der Suche nach der Ursache eines Bugs sind sogenannte Debugger hilfreich, mit denen das betroffene Programm schrittweise ausgeführt werden kann, um so die Schwachstelle zu identifizieren.

## Add-on

Das Wort stammt aus dem Englischen und bedeutet etwas „Hinzugefügtes". Es bezeichnet ein optionales Modul, das zu einer bestehenden Hard- oder Software hinzugefügt werden kann. Add-ons für Hardware sind Hardwarekomponenten wie Speicherkarten oder Koprozessoren. Add-ons für Software kann man sich bildlich als Rucksack für das ursprüngliche Programm vorstellen. Daher kann es auch jederzeit wieder entfernt werden. Es unterscheidet sich vom Plug-in, das in das Programm eingefügt wird und ihm so neue Funktionen verleiht. Beides kennt man am ehesten aus Webbrowsern wie Mozilla, Explorer oder Safari.

## Googeln

['gu:gl̩n] Wer einen Begriff im Internet sucht, hat die Möglichkeit, ihn in Suchmaschinen einzugeben, die wiederum die Seiten des World Wide Web nach diesem Schlagwort durchforsten. Eine davon ist Google®, die Ende der 1990er-Jahre mit einer beinahe ausschließlich weiß gestalteten Website an den Start ging und die lediglich ein Suchfeld für den Suchbegriff enthielt. Mit dieser Strategie konnte Google schnell die überladenen Seiten der Konkurrenz ausschalten und wurde zum Marktführer der Internetsuchmaschinen.

Das Verb googeln ist seit 2004 im Duden als „Suche im Internet" aufgeführt. 2006 forderte Google den Dudenverlag auf, den Eintrag in „mit Google im Internet suchen" zu ändern, um einer Gattungsbegriffsbildung und dem damit verbundenen Verlust des Markenschutzes vorzubeugen.

Eine Variation des Verbs googeln ist das „Ego-Googeln". Dies bedeutet so viel, wie dass man seinen eigenen Namen bei Google eintippt und sich anschaut, welche Informationen über einen selbst im Internet verbreitet sind.

## Spamfilter

Ein Spamfilter ist ein Programm oder Modul, das es erlaubt, das eigene E-Mail-Postfach nach unerwünschten E-Mails (Spam) zu filtern. Mittlerweile sind auch Blogs, Wikis und Foren stark von Spam betroffen, sodass es auch dort Spamfilter gibt.

## FAQ

[ɛfˈeɪ̯ˈkjuː] oder [fak]  FAQ ist die Abkürzung für „frequently asked questions", was so viel wie „häufig gestellte Fragen" bedeutet. Auf vielen größeren Internetseiten gibt es die Rubrik FAQ, in denen der entsprechende Onlineredakteur die häufigsten Fragen sowie die dazu passenden Antworten zusammengestellt hat.

Das Prinzip der FAQ hat sich darüber hinaus in vielen Foren, Newsgroups (Internetforen) und dem Usenet (Unix User Network, dem Netzwerk für Unix-Nutzer) etabliert. Mit ihm können die meisten Nutzeranfragen im Vorfeld beantwortet werden, ohne dass der Nutzer eine E-Mail an den Webmaster oder Administrator schreiben muss.

## Download

Ein Download bezeichnet das Empfangen von Daten auf dem eigenen Computer, die auf einem fremden Gerät gespeichert sind. Doch auch die Daten selbst werden mittlerweile als Download bezeichnet. Für den Vorgang an sich verwendet man im Deutschen auch das Verb „herunterladen".

Da mittlerweile viele Texte und Broschüren als Dateien verfügbar sind, werden diese auch in Downloadshops zum Verkauf angeboten. Der Download ist das Gegenteil vom Upload. In diesem Fall lädt man vom eigenen Computer Daten auf einen fremden Rechner hoch.

## Tutorial

[tjuːˈtɔːrɪəl]  Ein Tutorial ist im weitesten Sinn eine Anleitung. Da die Begriffe aus der Computerwelt meist der englischen Sprache entstammen, hat sich auch dieser Ausdruck im deutschen Sprachraum eingeprägt. Ein Tutorial bezeichnet dabei gleich mehrere Dinge: Einerseits ist dabei die Betriebsanleitung eines computerbezogenen Produkts gemeint, andererseits kann der Begriff auch eine Lehreinheit umschreiben.

Bei YouTube – einem 2005 gegründeten Videoportal – finden sich beispielsweise Onlinetutorials, die erklären, wie man bestimmte Programme bedient.

## Emoticon

[e'mo:tikɔn] Als Emoticon werden Zeichenfolgen aus meist drei normalen Satzeichen bezeichnet, die einen Smiley nachbilden, wie zum Beispiel das lachende Gesicht :-), das traurige Gesicht :-( oder ein Zwinkern ;-).

In der digitalen Kommunikation auf Textebene, wie beispielsweise bei einem Chat, erfüllen sie einen wichtigen Zweck, denn mithilfe der Emoticons lassen sich platzsparend Stimmungs- und Gefühlszustände ausdrücken.

Das Wort Emoticon ist ein Kofferwort, das sich aus den englischen Wörtern emotion (Gefühl) und icon (Symbol) zusammensetzt.

Viele Chatrooms stellen „fertige" **Emoticons** zur Verfügung. Eine manuelle Nachbildung ist damit nicht mehr nötig.

## App

In den 1990er-Jahren galt der Ausdruck „App" kurzzeitig für „Appetizers", also für kleine Häppchen zum Essen auf Empfängen.

Heute steckt hinter dem Begriff, der kurz für „Applications" steht, ein großes Geschäft: Apps sind kleine und große Programme sowie mobile Internetseiten, die man auf seinem Tablet oder Smartphone aufrufen kann, ohne dass der Nutzer dafür ein eigenes Programm, wie beispielsweise einen Browser, starten muss. Damit wird die Bedienung vieler Programme kinderleicht und spielend erlernbar.

## Administrator

Als Administrator (kurz: Admin) versteht man in der heutigen Arbeitswelt einen Mitarbeiter der IT-Abteilung, der sämtliche Rechte für die Computer eines Unternehmens besitzt. Er ist der oberste Verwalter dieser Rechner und gelegentlich der Einzige, der an den Geräten alle Einstellungen vornehmen und neue Programme installieren kann.

In gewisser Weise bestimmen Administratoren daher die Arbeitswelt vieler, denn ein normaler Angestellter besitzt an seinem Computer üblicherweise keine Administratorenrechte.

### USB-Stick

Mit dem USB-Stick ist es im Grunde genommen wie mit dem Handy. Es klingt Englisch, ist aber ein Wort des deutschen Sprachgebrauchs. In Großbritannien spricht man dagegen von einem „USB Flash Drive" und in den Vereinigten Staaten von einem „Thumb Memory" (Daumenspeicher). Der USB-Stick wird über eine USB-Schnittstelle – ein Standard, auf den sich die Industrie im Jahr 1996 geeinigt hat – mit einem dafür geeigneten Gerät, wie z. B. einem Computer oder einem Bildschirm, verbunden, um auf Daten und Programme zugreifen oder sie speichern zu können.

Über die **USB-Schnittstelle** kann der Datenträger mit einem Computer verbunden werden.

### Account

Das englische Wort Account bedeutet eigentlich schlicht „Konto". Wenn man im Internet einen Account einrichtet, dann heißt das, dass man eine Zugangsberechtigung beispielsweise für ein Internetportal erwirbt.

Zu einem Account gehören normalerweise der Benutzername, ein Passwort und manchmal auch Zahlungsinformationen, falls es sich um eine Zugangsberechtigung beispielsweise zu einem E-Shop bzw. Onlineshop – einem Geschäft, das seine Produkte auch online verkauft – handelt.

### Drop-down

Ein Drop-down-Menü oder eine Drop-down-Leiste ist ein Steuerelement der grafischen Nutzerführung im Internet oder bei Computerprogrammen.

Klickt der Nutzer auf das Feld, öffnet es sich nach unten (down) und bietet mehrere Auswahlmöglichkeiten an, aus denen der Nutzer nun wählen kann.

Solche Drop-down-Felder werden meist dort eingesetzt, wo nicht besonders viel Platz für aufwendige Listenübersichten vorhanden ist.

## Drei-D-Drucker

Ein dreidimensionaler Drucker ist eine Maschine, die zuvor am Computer gestaltete Objekte dreidimensional aufbaut.

Der Aufbau erfolgt aus pulverartigen oder flüssigen Stoffen, die durch physikalische oder chemische Härtungsprozesse zu jenem Gegenstand werden, der zuvor im Computer entworfen wurde. Anwendung finden Drei-D-Drucker beispielsweise bei Architekten, die sich so ihre Entwürfe erstellen, oder in der Produktion der Flugzeug- und Automobilindustrie.

## RSS-Feed

Für die Abkürzung RSS stehen gleich mehrere Erklärungen wie „Rich Site Summary" oder „Really Simple Syndication". Seit dem Jahr 2000 läuft unter diesem Kürzel eine Formatfamilie, die für die einfache und strukturierte Veröffentlichung von Änderungen und neuen Nachrichten auf Websites steht. Vor allem Blogs und Seiten mit häufigen Neuigkeiten profitieren davon und greifen auf diese Technik zurück.

## Tablet

['tɛblət] Ein Tabletcomputer, kurz auch Tablet genannt, ist ein flacher, tragbarer Computer mit Touchscreen. Anders als beim Notebook hat das Tablet keine ausklappbare Tastatur. Das erste Gerät dieser Bauart, das in größerer Stückzahl verkauft wurde, war das iPad von Apple, das im Jahr 2010 vorgestellt wurde.

Bei der deutschen Bevölkerung erfreuen sich Tablets großer Beliebtheit: Im Jahr 2012 berichtet der Hightech-Verband Bitkom, dass bereits 9,1 Millionen Bundesbürger Besitzer eines Tablet-PCs sind.

**Hinsichtlich seiner Funktionen ähnelt das Tablet einem Smartphone – über Apps können diese erweitert werden.**

### Fortschrittsbalken

Möchte man ein Computerprogramm installieren oder Daten aus dem Internet herunterladen, kann die Dauer für diesen Prozess variieren. Diese ist einerseits von der Größe der Datei und andererseits von der Rechnerleistung des eigenen Computers abhängig. Der Fortschrittsbalken zeigt dem Nutzer an, zu wie viel Prozent der Download oder die Installation fortgeschritten ist – und das in Form eines wachsenden Balkens. So weiß der Nutzer auch, dass der Rechner noch aktiv arbeitet, und kann abschätzen, wie lange er warten muss, bis der Vorgang abgeschlossen ist. Heutige Prozessoren und Arbeitsspeicher sind so schnell, dass der Fortschrittsbalken teilweise nur für wenige Sekunden angezeigt wird.

### Pageimpression

['peɪdʒ|ɪmprɛʃn] Der Ausdruck Pageimpression existiert eigentlich nur im deutschen Sprachraum. International wird meist der Begriff „Pageview" verwendet.

Beide Varianten beschreiben die Anzahl der Abrufe einer einzelnen Website mit einem Browser und sind somit ein wesentlicher Bestandteil, wenn es darum geht, Besucherzahlen und die Auffindbarkeit einer Website im Internet zu beurteilen.

### Icon

['aikn̩] Als Icon werden kleine Symbole in der Computerwelt bezeichnet. Diese dienen vor allem der optischen Orientierung und sind häufig von den Logos der einzelnen Marken abgeleitet. Sie finden sich auf den Desktops der Rechner wieder, sind das Symbol einzelner Apps oder werden auch als „Favicon" in der Domainzeile eines Internetbrowsers angezeigt.

Davon abgeleitet finden sich mittlerweile Icons in der gesamten Kommunikationswelt. Jeder kennt die Icons für Pause oder Wiedergabe bereits seit den Zeiten des Kassettenrekorders. Sie haben das Gerät überlebt und gelten international als bekannt. Ähnlich ist es mit vielen anderen Icons bis zu den Emoticons, die die emotionale Stimmung des Autors in einen Text bringen sollen.

## LAN-Party

LAN bedeutet Local Area Network. Demnach ist eine LAN-Party ein Zusammenschluss privater Computer zu einem Netzwerk. Dies geschieht in den allermeisten Fällen, wenn die Teilnehmer einer LAN-Party gemeinsam ein Computerspiel spielen möchten, bei dem sie allein oder in Teams gegeneinander antreten.

Es gibt LAN-Partys in privaten Räumen, in dem einige Freunde ihre Rechner zusammenschließen, und es gibt auch öffentliche, kommerziell organisierte Zusammenschlüsse, bei denen mehrere Tausend Personen teilnehmen können – laut Guinnessbuch der Rekorde hält die Dream-Hack den Weltrekord, bei der im Jahr 2007 11 060 Personen teilnahmen.

## FRITZ!Box®

FRITZ!Box ist der Produktname eines Unternehmens, das Router herstellt und vertreibt. Normalerweise werden Router mit einem DSL-Vertrag vergünstigt mitgeliefert. Da diese meist aus dem Hause der FRITZ!Box stammen, hat sich das Unternehmen einen führenden Platz im Routergeschäft erkämpft.

Übrigens: Bisweilen ersetzt der Ausdruck FRITZ!Box im Sprachgebrauch den Begriff Router vollständig. Dennoch hat sich keiner der Begriffe als alleiniger im Sprachgebrauch durchgesetzt.

## Apple®

Nicht zu verwechseln mit der Plattenfirma der Beatles, Apple Records, galten die Computer aus dem Haus Apple für mehrere Jahrzehnte als die Computer der Tüftler, Technikfreaks und Nerds – also intelligenter, aber teilweise sozial isolierter Computerfans. Dies hat sich seit der Einführung des iPhones gewaltig geändert.

Der Imagewandel vollzog sich gleichzeitig mit der neuen Namengebung der Produkte. Aus dem Macintosh wurde der iMac oder das MacBook. Darüber hinaus veränderte sich das äußere Design der Produkte sowie das Design des Betriebssystems und der Programme. Auch hier traf Apple den Zeitgeist und wuchs neben dem vermeintlichen Branchenführer IBM mit Windows zu einer Größe am IT-Markt.

Mit dem ersten Tablet, dem iPad, setzte Apple einen neuen Standard im Markt.

# Digitales Zeitalter

Bis in die 1990er-Jahre hinein wurden Computertechnologien nur
in Spezialfeldern wie der Medizin oder der Weltraumtechnik eingesetzt.
Seither gibt es sie auch in der Privatsphäre, sodass eine ganze Reihe
neuer Produkte entstanden ist, die das digitale Zeitalter einläuteten.

## Android

['ændrɔɪd] Bei Android handelt es
sich um ein Betriebssystem für mobile Geräte wie Smartphones, Handys
oder Tablets. Es wird von Google vertrieben und wurde „quelloffen" entwickelt. Quelloffen (Open Source) nennt
man eine Software, deren Quelltext
öffentlich zugänglich ist und frei kopiert, modifiziert und verändert werden kann. Android basiert zudem auf
Linux, einem quelloffenen Betriebssystem.

## Phishing

['fɪʃɪŋ] Unter dem Begriff Phishing
werden kriminelle Versuche verstanden, bei denen mittels gefälschten
Internetauftritten, E-Mails oder
Kurznachrichten Daten eines Nutzers
erlangt werden können. Werden
entscheidende Daten eines Internet-
nutzers geklaut, kann der Dieb sich
damit beispielsweise in Bankkonten
einloggen.
Der Begriff ist ein Kunstwort, das
sich dem englischen Wort „fishing"
(angeln) im Sinn von „Password
fishing" anlehnt.

## Skimming

Der Begriff Skimming stammt aus
dem Englischen und bedeutet so viel
wie „Abschöpfen". Im Verständnis des
digitalen Zeitalters bezeichnet man
damit einen Datenklau von Kredit-
kartennummern oder Bankdaten,
indem die Daten von den Magnet-
streifen der Karten abgelesen, gespeichert und kopiert werden. Skimming kann also als eine Art des
Phishings verstanden werden.

## Speicherkarte

Eine Speicherkarte ist ein kleines,
wenige Zentimeter großes Speichermedium. Sie ist wiederbeschreibbar
und auf ihr können alle Sorten
von Daten gespeichert und wieder
gelöscht werden.
Es gibt verschiedene Formate, die in
vielerlei Geräten wie Digitalkameras,
Mobiltelefonen und Smartphones
zum Einsatz kommen. Die Speicherkapazitäten variieren und gleichen
denen von USB-Sticks.

## Touchscreen

Ein Touchscreen ist ein Sensorbildschirm, bei dem durch Berührung von Teilen des Bildes ein Programm gesteuert werden kann.

Diese Technik ersetzt nach und nach die Steuerung des Computers mit einem Cursor per Maus. Stattdessen kann der Nutzer direkt mit den Fingern auf die Oberfläche des Bildschirms drücken. Durch die Technik des „Multitouchs" kann der Computer mehr als eine Berührung verarbeiten. Dies führte zu einer Reihe von „neuen" Gesten wie dem Wischen oder dem Vergrößern mithilfe von Daumen und Zeigefinger.

## Bluetooth®

Die Entwicklung der Bluetoothtechnologie begann schon in den 1990er-Jahren und galt damals als Sensation und als künftige Beseitigung des allgegenwärtigen Kabelsalates, den man überall in der Nähe von elektrischen Geräten fand.

Die Technik entwickelte sich in den folgenden Jahren weiter, sodass viele Geräte mittlerweile mittels Bluetooth miteinander verbunden sein können. Beispielsweise kann ein Computer nun mit einer kabellosen Maus oder einer kabellosen Tastatur gesteuert werden. Mit der gleichen Technologie lassen sich auch Daten zwischen Mobiltelefon und Computer austauschen.

## Mobile-Tagging

Der Begriff Mobile-Tagging beschreibt einen Vorgang, bei dem mit der Kamera eines mobilen Endgerätes ein zweidimensionaler Strichcode, zumeist ein QR-Code, eingelesen wird. Danach wandelt das mobile Gerät den Code in eine Domain (Internetadresse) um und leitet den Nutzer zur entsprechenden Internetseite. Diese Codes finden häufig Verwendung in der Werbung, um auf eine Website oder Landingpage mit weiteren Informationen zu verweisen.

## Blu-Ray

Lange Zeit wetteiferten mehrere Systeme um die Nachfolge der DVD. Der Kampf um die Vormachtstellung auf dem High-Definition-Markt sollte sich zwischen der Blu-Ray-Disc und der HD-DVD entscheiden. Das Blu-Ray-Format konnte dabei die meisten großen Filmstudios hinter sich versammeln und somit einen Vorteil am Markt erringen. Über einige Monate gab es im Handel jedoch beide Systeme und das unter anderem von Universal gestützte Format HD-DVD hielt tapfer der Konkurrenz stand. Doch als Toshiba im Jahr 2008 verkündete, keine weiteren HD-DVD-Player zu produzieren, setze sich schließlich die Blu-Ray am Markt durch.

## Digitalfernsehen

Als Digitalfernsehen bezeichnet man die Ausstrahlung von Fernsehsendern in digitaler Form. Die Anfänge des Digitalfernsehens liegen in den 1990er-Jahren, so wurde es in Großbritannien bereits 1996 eingeführt. In Deutschland begann man 2003 mit der Abschaltung des analogen terrestrischen Fernsehens und der Einführung von DVB-T, des terrestrischen Digitalfernsehens.

Das analoge Signal, mit dem die Fernsehsender ihr Programm ausstrahlten, wurde für das Kabelfernsehen im April 2012 in der gesamten Europäischen Union abgestellt. Damit wurde ein großer Schritt weg vom analogen und hin zum digitalen Fernsehen gemacht.

Mit dieser Digitalisierung der Technik ging auch der Prozess einher, dass immer mehr Fernsehsender ihr Programm als High-Definiton-Programm in digitalisierter Form ausstrahlen. Die öffentlich-rechtlichen Sender bieten dies kostenlos an, während die Privaten hierfür eine Abogebühr erheben.

## Flatrate

Der Begriff stammt aus dem Englischen und bedeutet „Pauschaltarif". Er drückt aus, dass eine Leistung unabhängig von der Abnahmemenge zu einer Pauschale erworben werden kann. Am häufigsten findet der Ausdruck in der Telekommunikationswelt Anwendung. Dort wurde er von Marketingexperten eingeführt, um Pauschaltarife für Dienstleistungen wie z. B. neue Internet- oder Telefonverbindungen, zu bezeichnen. Wegen der hohen Werbewirksamkeit wird der Begriff mittlerweile auch in anderen Bereichen gebraucht. Beispielsweise bieten Fitnessstudios häufig eine Flatrate für neue Mitglieder an. Ähnlich dachten auch Gastronome, als sie „Flatratepartys" einführten.

## iPad® / iPod® / iPhone®

Das Unternehmen Apple hat einen stilprägenden Imagewandel hinter sich und setzte in regelmäßigen Abständen neue Trends. Mit der Einführung des ersten iPods (2001) verdrängte Apple die MP3-Player in den nächsten Jahren. 2007 kam das iPhone auf den Markt und verband die Errungenschaften des iPod mit denen eines modernen Smartphones. 2010 folgte das iPad, das sich als Tablet auf dem Markt der mobilen Computer behauptete.

## Digitalkamera

Die Digitalkameras haben die Fotowelt revolutioniert. Noch vor wenigen Jahren nahm man in den Urlaub Filme mit, die entweder 24 oder 36 Fotos umfassen konnten. Sparsam ging man mit dieser Ausstattung um und ließ sie zu Hause von einem Fotostudio entwickeln.

Heute benötigen die Kameras keine Filme mehr. Digital werden die Fotos auf einer Speicherkarte gesichert, die eine Kapazität von mehreren Megabytes hat. Das hat den großen Vorteil, dass der Fotograf nun nicht mehr auf die 24 oder 36 Bilder angewiesen ist, sondern Platz für Tausende von Fotos hat.

## Digitaler Bilderrahmen

Im Grunde genommen ist ein digitaler Bilderrahmen ein kleiner Bildschirm, der ein Grafikprogramm abspielt. In dieses Grafikprogramm kann man zuvor verschiedene Bilder und selbst gemachte Fotos übertragen, die dann auf dem digitalen Bilderrahmen erscheinen. Lädt man mehrere Bilder in dieses Programm, gibt es beim Übergang von dem einen Foto in das andere immer eine kleine Animation. Während das eine Bild links aus dem Bilderrahmen hinausfährt, fährt das nächste rechts herein. Ist man der alten Fotos überdrüssig, kann der Nutzer den Bilderrahmen mit neuen bestücken.

## Whiteboard

Das Whiteboard besteht aus einer weißen, glatten Oberfläche, auf der mit speziellen Filzstiften geschrieben werden kann. Eingesetzt wird das Whiteboard nicht nur in der Schule, sondern auch im Kreativbereich oder in der Wirtschaft. Des Weiteren gibt es auch digitale oder interaktive Whiteboards, bei denen ein Computersystem hinterlegt ist. Über einen Beamer werden die Informationen vom Computer auf das Whiteboard übertragen. Die Projektionen können mithilfe spezieller Stifte oder mit dem Finger verändert werden – die Signale dazu erhält der Computer über das Whiteboard.

**Whiteboards** können wie hier direkt beschrieben oder digital mit Informationen über einen Computer versorgt werden.

## WikiLeaks

WikiLeaks ist technisch gesehen ein Wiki, genau wie Wikipedia. Dort können die Internetnutzer selbstständig Daten hochladen. Hinter dem Begriff stecken die Wörter wiki (hawaiisch) „schnell" und leaks (englisch) „Löcher".

WikiLeaks versteht sich selbst als Enthüllungsplattform, auf der Dokumente veröffentlich werden können, die eigentlich der Geheimhaltung unterliegen. Selbst ernanntes Ziel der Plattform ist es, unethisches Verhalten von Regierungen zu enthüllen. In die Kritik geriet WikiLeaks, und vor allem sein Gründer Julian Assange, mit der Veröffentlichung von US-Geheimdienstdokumenten in den Jahren 2010/2011.

## Intelligentes Stromnetz

Mithilfe des intelligenten Stromnetzes soll die Energieversorgung vor dem Hintergrund einer effizienten Nutzung des Stroms und einer zuverlässigen Versorgung gewährleistet werden. Hierzu werden die gesamten Teile des Stromnetzes wie Stromerzeuger, Speicher, elektrische Verbrauchsgegenstände und Netzbetriebsgeräte in einem Energieübertragungsnetz zur gemeinsamen Steuerung miteinander verbunden.

## Elektronisches Papier

Als elektronisches Papier, auch E-Papier oder E-Paper genannt, werden Bildschirmanzeigetechniken bezeichnet, die versuchen, das Aussehen von Tinte auf Papier nachzuahmen. Darüber hinaus reflektieren sie das Licht wie normales Papier und sind somit keine selbstleuchtenden Displays, wie sie in vielen Tablets oder Notebooks vorhanden sind.

## Crossmedia

Der Begriff Crossmedia ist ein neues Schlagwort, das gewissermaßen den älteren Ausdruck Multimedia ersetzt und dessen Bedeutung erweitert.

Der Begriff umspannt die Kommunikation mittels mehrerer medialer Kanäle, die wiederum miteinander verknüpft sind. Diese Kommunikation verbindet alle Bereiche und Möglichkeiten des Web 2.0 wie Facebook, Twitter, flickr, Google Earth, Xing, YouTube und andere Kanäle. Dadurch ergibt sich die Möglichkeit, viele relevante Inhalte zu produzieren und online zu veröffentlichen, weshalb sich das Onlinemarketing den Einsatz von crossmedialen Strategien zunutze gemacht hat.

## Mediathek

Mit dem Ausdruck Mediathek stellt sich die deutsche Sprache nicht nur in die Tradition von Begriffen wie Bibliothek und Videothek. Sie versucht auch der Tatsache gerecht zu werden, dass wir in einem Medienzeitalter leben, in dem ständig neue Medienformate eine Rolle spielen, die alte Strukturen abgelöst haben, in denen es „nur" Bücher oder Filme gab. Sie trägt auch dem Gedanken Rechnung, dass es crossmediale Produkte gibt.

All diese werden in einer Mediathek archiviert. Dabei kann es sich um die Mediathek einer Homepage handeln, in der sich Filme, Bilder und Downloads befinden können. Es kann aber auch der Bereich einer Bibliothek sein, in dem man sich die unterschiedlichen Medienformate ausleihen kann.

## Instagram

Das ehemalige Start-up Instagram wurde 2012 für eine Milliarde Dollar von Facebook aufgekauft und machte damit auch in der internationalen Presse Furore. Die Idee hinter Instagram ist dabei recht simpel. Es ist eine App, mit der sich nicht nur fotografieren lässt, mit ihr können die Bilder durch mehrere Filter bearbeitet und optimiert werden. Spielend einfach lassen sich so schöne Bilder erstellen.

## Video-on-Demand

Im Bereich Film war es bislang so: Der guten alten Filmrolle folgten die VHS-Videokassetten. Diese wurden Ende der 1990er-Jahre von DVDs abgelöst. Die DVDs wiederum fanden in den Blu-Rays ihren Nachfolger, nachdem sich diese gegen die HD-DVDs durchgesetzt hatten – ähnlich wie zuvor das Videosystem VHS gegen Video2000 und Beta.

Während dieser Entwicklung sorgte vor allem die DVD für einen Boom am Heimvideomarkt. Wurden Filme davor für VHS nur vereinzelt produziert und verkauft, waren sie nun mit der DVD in einer für die Zeit um die Jahrtausendwende beeindruckenden Qualität zu erhalten. Die Blu-Ray löst seit 2010 die DVD langsam ab. Doch schon zu diesem Zeitpunkt zeigte sich das nächste Format: Video-on-Demand (VOD).

Dieses Format besteht nun nicht mehr aus einer Box und einer physikalischen Disc, sondern es wird gestreamt oder downgeloaded. Die Filme werden von unterschiedlichen Onlinevideotheken angeboten und können zu jedem beliebigen Zeitpunkt angesehen werden (englisch „on demand" = „auf Anfrage").

# Ernährung

Der Bereich Ernährung befindet sich in mehreren großen Spannungsfeldern. Einerseits lässt sich beobachten, dass viele Personen Wert auf gesunde Nahrung legen, andererseits hält der Siegeszug des Fast Food an, bei dem man für wenig Geld viel essen kann.

## Antioxidanzien

Freie Radikale sind instabile, energiereiche Moleküle, die die Körperzellen angreifen und über die Jahre die DNA (Desoxyribonukleinsäure, also die Trägerin der Erbgutinformation), Proteine und Fette im Körper schädigen. Man nimmt an, dass sich die Schäden durch das wiederholte Auftreten von freien Radikalen häufen und sie zu einem Abbau des Körpers führen, den wir Alterung nennen. Als Schutz vor diesen Angriffen bietet der Körper Antioxidanzien auf, die den Schaden verhindern oder zumindest mindern sollen. Antioxidanzien befinden sich in verschiedenen Körperzonen und sind auf unterschiedliche Verteidigungsstrategien spezialisiert. Solange sie lückenlos funktionieren, haben freie Radikale geringe Chancen, den Organismus anzugreifen.

## Fingerfood

Fingerfood ist ein anderer Ausdruck für Appetithäppchen oder Kanapees und bezeichnet Speisen, die mit den Fingern anstatt mit einem Besteck gegessen und häufig bei einem Büfett angeboten werden.

## Fleur de Sel

Fleur de Sel ist ein teures Meersalz, das als hauchdünne Schicht in Handarbeit an der Wasseroberfläche abgeschöpft wird. Es wird hauptsächlich an französischen, aber auch spanischen Küsten gewonnen. Feinschmecker schätzen es vor allem wegen des leichten Calciumsulfatanteils.

## Bagel

['beɪgl] Ein Bagel ist ein rundes Gebäck aus Hefeteig mit einem Loch in der Mitte. Es wurde erstmals im 17. Jahrhundert in jüdischen Quellen aus Osteuropa erwähnt und kam mit den jüdischen Einwanderern im 19. Jahrhundert nach Nordamerika. Vor allem über die großen jüdischen Stadtteile an der Ostküste gelangte der Bagel in die Esskultur der Vereinigten Staaten.

Ab dem Ende des 20. Jahrhunderts kam der Bagel als jüdisch-amerikanisches Essen wieder zurück nach Europa, erlebte ab 2002 einen Boom und ist nun fester Bestandteil der Kaffee- und Fast-Food-Szene.

## Smoothie

['smu:ði:] Auch der Begriff Smoothie stammt aus dem Englischen. „Smooth" bedeutet so viel wie gleichmäßig, fein. Ein Smoothie bezeichnet demnach ein Fruchtgetränk, das, im Gegensatz zu Fruchtsäften, aus der ganzen Frucht besteht, die zuvor fein püriert und dann mit einer anderen Frucht oder Fruchtsäften gemischt wurde. Es gibt auch Smoothies, in die Joghurt, Milch oder Eiscreme gemischt wird.

**Smoothies** können fertig gekauft oder leicht selbst gemacht werden.

## Bruschetta

[bru'sketa] Die Bruschetta gehört zu den italienischen Antipasti und war ursprünglich eine Speise armer Leute aus Mittel- und Süditalien. Die Grundlage für eine Bruschetta bildet ein frisch geröstetes, noch warmes Weißbrot, das mit Knoblauch und Olivenöl bestrichen ist. Je nach Region kommen verschiedene Beläge hinzu: Tomaten und Basilikum oder auch Schinken und Zwiebeln.

Da das Wort in den Jahren zuvor überdurchschnittlich oft im deutschen Sprachgebrauch Erwähnung fand, wurde „Bruschetta" 2004 in den Duden aufgenommen.

## Klebefleisch

Klebefleisch, bisweilen auch als Formfleisch bezeichnet, ist ein Fleischprodukt, das aus kleineren Fleischstücken zusammengesetzt wird. Auf diese Weise können vor allem Reste von Schlachttieren weiterverwertet werden. Verwendung findet das Klebefleisch vor allem in Kochschinken, Schnitzel und ähnlichen, vor allem später panierten Speisen und Fertiggerichten.

Klebefleisch muss immer als solches ausgewiesen werden, damit der Verbraucher nicht getäuscht wird. Darüber hinaus darf es nach den deutschen Leitsätzen nur aus Fleischresten, Salz, Pökelsalz und Gewürzen bestehen.

## Cupcake

Wörtlich übersetzt bedeutet Cupcake „Tassenkuchen". Im British-English existiert hauptsächlich der Begriff „fairy cake", aber auch dort setzt sich das Wort Cupcake mehr und mehr durch.

Dabei handelt es sich um eine kleine Torte, die, ähnlich wie ein Muffin, in einer Art kleiner runder Tasse gebacken wird. Dekoriert werden die Cupcakes mit einer Buttercreme, auf die zusätzlich verschiedene Streusel – aus Schokolade, Kokosnuss oder anderen Bestandteilen – gestreut wird.

**Cupcakes** sehen Muffins zum Verwechseln ähnlich, der Teig ist jedoch meistens süßer und weicher.

## Analogkäse

Der Analogkäse, auch Kunstkäse oder Käseimitat, wird aus Wasser, Pflanzenfett, Milcheiweiß, Stärke und Geschmacksverstärkern hergestellt und hat in Deutschland mittlerweile weite Verbreitung gefunden: Nach Schätzungen werden jährlich 100 000 Tonnen hergestellt. Dabei war der Analogkäse ursprünglich als Produkt für Länder gedacht, die selbst wenig Milch produzieren.

Da es keine Kennzeichnungspflicht für Kunstkäse gibt, können die Verbraucher in Restaurants oder der Bäckerei selbst nur schwer erkennen, ob es sich um richtigen Käse handelt oder nicht. Dass der Analogkäse überhaupt Verwendung findet, liegt daran, dass er aufgrund seiner minderwertigen Zutaten bis zu 40 Prozent billiger ist. Als Kunde sollte man im Supermarkt hellhörig werden, wenn auf der Verpackung lediglich „überbacken" steht und von „Käse" keine Rede ist. Denn nach der EU-Verordnung über den „Schutz der Bezeichnung der Milch und Milcherzeugnisse bei ihrer Vermarktung" darf nur dort „Käse" draufstehen, wo auch Käse drin ist.

### Gammelfleisch

Während einer Welle von Fleisch-
skandalen in Deutschland im Zeit-
raum von Oktober 2005 bis März
2006 wurde der Begriff Gammel-
fleisch häufig verwendet. Grund hierfür war, dass verschiedene Fleisch-
händler verdorbenes und teilweise
eingefärbtes Fleisch auf den Markt
brachten.

### Genmais

Genmais ist eine weitere Bezeichnung
für den Ausdruck „transgener Mais".
Hierin werden bestimmte Gene aus
anderen Organismen genommen und
in das Genom des Maises eingesetzt.
Der Mais wird somit resistenter gegen
Schadinsekten und gegen Unkraut-
bekämpfungsmittel.
Der Genmais ist, wie auch alle
anderen Produkte der Grünen Gen-
technik, vor allem in der deutschen
Öffentlichkeit sehr umstritten. Neben
den Vorteilen stehen die Warnungen
von Verbraucherschützern, die auf die
ökologischen und gesundheitlichen
Risiken hinweisen, deren Folgen noch
nicht absehbar sind. In Deutschland
ist daher der Anbau von Genmais seit
2009 verboten.

### Probiotikum

Das Adjektiv probiotisch beschreibt
Lebensmittel, die Milchsäuren enthalten. Weil diese Nahrungsmittel
mit zusätzlichen Inhaltsstoffen
angereichert sind, bezeichnet man sie
als „Functional Food"-Produkte.
Probiotika können also als Zugabe in
Lebensmitteln, wie z. B. Joghurts,
oder aber auch in Form von Medikamenten verabreicht werden und
sollen sich positiv auf die Darmflora
auswirken.

### Amflora

Mit dem Begriff Amflora wird eine
von der BASF gentechnisch veränderte
Stärkekartoffelsorte bezeichnet.
Besondere Bedeutung erlangte die
Amflora, weil sie 1998 als erste gentechnisch veränderte Pflanze von der
EU eine Zulassung zum Anbau erhielt. 2009 genehmigte die EU-Kom-
mission schließlich die Verwendung
der Amflora als Futtermittel innerhalb der EU. In all den Jahren wurde
eine erbitterte Diskussion um die
Amflora geführt. Verbraucher, Land-
wirte und ein Teil der Politik hatten
grundsätzliche Bedenken gegen gentechnisch veränderte Lebensmittel.
Die BASF reagierte, stellte 2012 die
Vermarktung der Amflora in Europa
ein und verlegte seine Gentechnik-
abteilung in die USA.

## Bubbletea

Der Bubbletea, wörtlich übersetzt Bläschentee, ist ein in Taiwan erfundenes Getränk, das auf grünem oder schwarzem Tee basiert und ab dem Jahr 2010 zunehmend auch in Deutschland vermarktet wird. Weitere Bestandteile sind Zucker, Fruchtsirup und Milch sowie Kügelchen aus Tapioka (Stärkemehl aus den Knollen des Manioks), die dem Getränk den Namen geben. Diese Kügelchen sind mit einer Flüssigkeit gefüllt und platzen beim Zerbeißen. Im Grunde genommen ist die Bezeichnung Tee bei all den zusätzlichen Inhalten irreführend. Aufgrund des hohen Zuckergehalts steht das Getränk zudem stark in der Kritik.

## Flexitarier

Der Flexitarier isst eigentlich alles gerne. Er zeichnet sich nicht dadurch aus, dass er etwas meidet oder seine Ernährung auf weniges reduziert. Dennoch lebt er bewusst und genussorientiert. Wichtig für ihn ist vor allem die Qualität der Produkte, die er zu sich nimmt. Beim Essen spielt zwar das Gemüse die Hauptrolle, dennoch ist Fleisch nicht ausgeschlossen. Dieses erwirbt er im Bioladen oder direkt beim Bauernhof, dem er vertraut.

Denn: Wenn er Fleisch isst, soll es von guter Qualität und artgerechter Haltung sein.

## Kochshow

Seit den 1990er-Jahren erlebt das Fernsehen im deutschen Sprachraum immer wieder Wellen, in denen neue Formate gefunden, produziert und letztlich verheizt werden. Hierzu zählen auch die Kochshows, deren Wurzeln bereits in den 1980er-Jahren und davor liegen. In den verschiedenen Kochshows der unterschiedlichen Sender bekochen sich Starköche gegenseitig, geben Tipps und erklären Rezepte. Mittlerweile gibt es die verschiedensten Variationen. Mal treten Kandidaten gegeneinander an, mal kocht man zusammen.

Übrigens: 2007 gab es erstmals die Kategorie „Beste Kochshow" beim deutschen Fernsehpreis.

## Glutenunverträglichkeit

Glutenunverträglichkeit, auch Zöliakie genannt, ist eine chronische Erkrankung der Dünndarmschleimhaut aufgrund einer Überempfindlichkeit gegen Gluten, das in vielen Getreidesorten vorkommt. Gluten ist ein Klebereiweiß, ein Stoffgemisch aus Proteinen, das in den Samen verschiedener Getreidesorten enthalten ist. Die Unverträglichkeit bleibt lebenslang bestehen, sie ist zum Teil erblich und kann derzeit nicht ursächlich behandelt werden.

## Stevia

Der Süßstoff Stevia entstammt der Pflanze Stevia rebaudiana. Obwohl Stevia bereits im 19. Jahrhundert als Süßstoff entdeckt wurde, gab es für das Produkt in Europa lange keine Zulassung. Die Europäische Kommission verwehrte die Zulassung im Jahr 2000 aufgrund gesundheitlicher Bedenken, möglicherweise aber auch unter dem Druck der Zuckerlobby. Da der Süßstoff gesünder als Zucker sein soll und zudem die 300-fache Süßkraft von Zucker besitzen kann, wurde auf eine Zulassung in Europa gedrängt, nachdem Australien, Neuseeland und die USA dies ab 2008 getan hatten. Im Jahr 2011 wurde Stevia schließlich in der gesamten EU zugelassen.

## Brownie

Ein Brownie ist eine Mischform aus Gebäck und Kuchen, die Ende des 19. Jahrhunderts in Nordamerika entwickelt wurde. Der Teig besteht aus viel Schokolade und kann mit Nüssen und Rosinen angereichert werden. Serviert werden die Brownies in kleinen, rechteckigen Stücken.
Durch die weltweite Verbreitung der amerikanischen Küche wurden die Brownies auch in Europa bekannt und erfreuen sich durch das häufige Angebot in Coffeeshops großer Beliebtheit auch bei der deutschen Bevölkerung.

## Rucola

Rucola, oder auch Rukola, ist nichts Neues in der deutschen Küche. Im deutschsprachigen Raum wurde er bislang allerdings nur als Rauke, oder genauer genommen als Garten-Senfrauke, bezeichnet. Die Rauke geriet jedoch in Vergessenheit. Durch italienische Gastronome wurde sie allerdings unter ihrem italienischen Namen hierzulande wieder populär. So findet sich Rucola auf verschiedenen Pizzen oder in Salaten wieder.

## Halloumi

Im Zuge der Zuwanderung nach Deutschland wurden viele fremde Speisen und Zutaten auch im deutschsprachigen Raum heimisch. Eines davon ist der Halloumi Käse, häufig auch Halumi. Er ähnelt dem Mozarella, ist aber fester und würziger. Der Halloumi Käse ist in den Küchen Griechenlands, der Türkei, Ägyptens und Libyens bekannt und gilt vor allem auf Zypern als Spezialität. Wahrscheinlich reicht seine Tradition bis ins alte Ägypten zurück.

# E-Welt

Seit es die E-Mail, also die Elektronische Post, gibt, haben auch andere Begriffe eine funktionale und lexikalische Erweiterung um den Buchstaben „E" erlebt. Das „E" bedeutet elektronisch und weist zumeist auf einen digitalisierten Prozess hin.

## E-Commerce

['i:kɔmə:s] Tausch- und Verkaufsgeschäfte, die im Internet getätigt werden können, laufen unter dem Begriff „E-Commerce". Wobei Commerce hierbei keine akkurate Übersetzung von Kommerz im Sinn von Geschäftsleben bedeutet, sondern „kaufen und verkaufen" meint.

Nach Vorreitern wie eBay (gegründet 1995) und Amazon (1995) haben nach dem Jahr 2000 auch viele kleine Geschäfte einen Onlineshop eröffnet, was dazu führte, dass sich das Internet von einer Informationsplattform hin zu einer Marketingplattform entwickelt hat.

## E-Pass

Als E-Pass bezeichnet man den biometrischen Reisepass, der eine Weiterentwicklung des papierbasierten Reisepasses mit elektronischen Komponenten ist. Er enthält biometrische Daten, um die Identität des Besitzers feststellen zu können. In Deutschland werden auf dem Chip des Passes seit dem 1. November 2007 Bild und Fingerabdrücke des Trägers gespeichert.

## E-Learning

E-Learning ist ein Begriff, der inhaltlich mehrere Facetten umfassen kann. Generell versteht man darunter „elektronisch unterstütztes Lernen", es werden aber auch andere Ausdrücke verwendet wie Onlinelernen, Telelernen oder multimediales Lernen. Da der Begriff nicht genauer definiert ist, umklammert er eine Vielzahl von Methoden: web- und computerbasiertes Lernen, Autorensysteme, elektronische Simulationen oder auch Lernen mithilfe elektronischer Unterstützung wie einer im Internet abgehaltenen Videokonferenz.

## E-Government

Unter dem Ausdruck E-Government versteht man die Verlagerung der Prozesse staatlicher und kommunaler Behörden ins Internet. Sowohl die Anliegen der Behörden als auch die der Bürger sollen damit erleichtert werden. Auf diesem Weg sind die Behörden für den Bürger rund um die Uhr erreichbar. Informationen können schnell online eingeholt, Anträge gestellt und Formulare ausgefüllt werden.

### E-Book

Eigentlich gibt es auch den Ausdruck „Digitalbuch" für das E-Book, aber auch hier hat sich der Anglizismus durchgesetzt und Einzug in die deutsche Sprache gefunden. Das E-Book ist aber gar nicht so neu, seine Anfänge liegen bereits in den 1980er-Jahren als Anleitung für Computerspiele und Vorlesungskopien an Universitäten. Da aber erst 2007 vermehrt praktische Lesegeräte für das E-Book auf den Markt kamen, entwickelte es sich erst ab diesem Zeitpunkt zu einem interessanten Medium für Leser und Verlage. Der Markt um das digitale Buch ist seitdem sehr in Bewegung: Die Formate mehren sich, unterschiedliche Ausleihmodelle wurden getestet und eingeführt und die Auswahl der Titel wird immer größer.

### E-Postbrief

Der E-Postbrief der Deutschen Post wurde 2010 eingeführt. Er liefert eine höhere Authentizität und besseren Datenschutz als die unverschlüsselte E-Mail, die laut der Deutschen Post lediglich als elektronische Postkarte zu verstehen sei. Mit dem E-Postbrief werden vor allem wichtige Schreiben verschickt. Hat ein Empfänger kein elektronisches Postfach, wird der Brief ausgedruckt und von einem Postboten überbracht.

### Elektroauto

Ein Elektroauto, auch E-Auto oder E-Car genannt, ist ein Personenkraftwagen mit mindestens vier Rädern, der für seine Fortbewegung elektrische Energie in einer Batterie speichert. Es gilt gemeinhin als umweltfreundlicher als Autos mit Verbrennungsmotor. Dennoch gibt es gegen das Elektroauto Proteste, da der Strom, mit dem es betrieben wird, noch immer nicht aus regenerativen Energien gewonnen werden kann.

Zudem gibt es verschiedene Hybridfahrzeuge, die teilweise elektrisch und teilweise von einem Verbrennungsmotor angetrieben werden, sowie Solarfahrzeuge, die ihre Energie direkt vom Sonnenlicht erhalten. Vorreiter der Elektromobilität in Europa ist Frankreich, wohingegen Deutschland hinterherhinkt.

Um den Anschluss nicht zu verpassen, beschloss die Bundesregierung 2009, die Elektromobilität zu fördern. Dem Plan zufolge sollen 2020 etwa eine Million Elektrofahrzeuge auf den Straßen in Deutschland unterwegs sein.

Dabei gab es bereits im 19. Jahrhundert Elektrofahrzeuge. Doch während nach diesen Erfindungen zunächst viele Hersteller Elektromotoren verwendeten, setzte sich ab den 1910er-Jahren der Verbrennungsmotor bei Automobilen durch.

# Finanzen

Nicht nur die Einführung einer gemeinsamen, europäischen Währung
bestimmte die Finanzwelt. Auch hielt der Computer Einzug in diese Welt
und brachte somit Veränderungen und neue Möglichkeiten mit sich.

## Homebanking

Homebanking, Onlinebanking oder
elektronisches Bankgeschäft bezeichnen alle die Abwicklung von Bank-
geschäften privater oder geschäftli-
cher Natur mithilfe eines Computers
oder Smartphones. Hierzu kann sich
der Nutzer mit einem Nutzernamen
und einem Passwort online in sein
Konto einloggen und z. B. Zahlungen
vornehmen. Um eine hohe Sicherheit
zu gewährleisten, bekommt der Nutzer
mit einem zusätzlichen Gerät, über
das Handy oder mit der Post, TANs
(Transaktionsnummern) zur Verfügung gestellt, die er bei jedem Transfer eingeben muss und die nur ihm
bekannt sind.

## Mikrokredit

Mikrokredite sind Kleinstkredite von
einem bis 1000 Euro. Überwiegend
werden sie Gewerbetreibenden in Entwicklungsländern gewährt. Die Mikrokredite werden von Finanzdienst-
leistern, die sich darauf spezialisiert
haben, und von NGOs (Nichtregie-
rungsorganisationen) als Entwick-
lungshilfe vergeben. Die Rückzahlun-
gen sollen in einer sozial akzeptablen
Weise ermöglicht werden.

## IBAN

Bei der IBAN (International Banking
Account Number) handelt es sich
um eine weltweit gültige Nummer für
ein Girokonto. Im Rahmen der Einführung des SEPA-Systems für Über-
weisungen löst die IBAN seit 2008
Schritt für Schritt die Kontonummer
und Bankleitzahl ab.

Die IBAN ist eine von der ISO (International Organization for Standardi-
zation) und dem ECBS (European
Committee for Banking Standards)
entwickelte Norm für die Darstellung
von Bankidentifikation und Kontonummer.

Die IBAN soll das Problem lösen, dass
bislang im grenzüberschreitenden
Zahlungsverkehr die Kennung der
Bankverbindung in jedem Land
anders war.

## Fundraising

['fandreɪzɪŋ] Fundraising, auf Deutsch auch Mittelbeschaffung, ist die systematische Strategie, Planung und Durchführung einer steuerbegünstigten Organisation, um benötigte Ressourcen wie Gelder, Sachgegenstände oder Dienstleistungen von Privatpersonen, Stiftungen oder Unternehmen einzuwerben.

In den angelsächsischen Ländern hat das Fundraising schon eine lange Tradition. Vor allem reiche Privatpersonen sind bereit, gezielt mit ihren Geldern zu fördern.

Nach Kürzungen von öffentlichen Geldern für einige Bereiche der Universitäten und andere Institutionen in Deutschland wurde das Fundraising immer wichtiger, um die laufenden Prozesse zu gewährleisten und neue Wege zu gehen.

## Gesundheitsfonds

Mit der Einführung des Gesundheitsfonds zur Finanzierung der gesetzlichen Krankenversicherung in Deutschland am 1. Januar 2009 änderte der Gesetzgeber das alte Modell, bei dem die Beitragzahler die Beiträge an den einzelnen Versicherungsgeber zahlten, in ein neues Modell. Bei diesem werden die Beiträge an eine zentrale Stelle gezahlt, von wo die Mittel an die einzelnen Versicherungen verteilt werden.

## Eurozone

Als Eurozone, auch Eurowährungsgebiet oder Euroraum, werden diejenigen Länder der EU-Staaten bezeichnet, die den Euro, die gemeinsame europäische Währung, offiziell eingeführt haben. Derzeit gehören 17 EU-Staaten zur Eurozone, weshalb man auch von Euro-17 spricht. Diese sind: Belgien, Deutschland, Estland, Finnland, Frankreich, Griechenland, Irland, Italien, Luxemburg, Malta, die Niederlande, Österreich, Portugal, Slowakei, Slowenien, Spanien und Zypern. Neben diesen 17 Staaten gibt es zehn weitere EU-Staaten, von denen acht verpflichtet sind, den Euro einzuführen, sobald sie die vereinbarten Kriterien erfüllt haben. Lediglich Dänemark und Großbritannien haben sich nicht dazu verpflichtet.

| | |
|---|---|
| **Belgien, Spanien, Irland, Italien, Griechenland, Luxemburg, Niederlande, Deutschland, Finnland, Frankreich, Österreich, Portugal** | 1. Januar 2002 |
| **Slowenien** | 1. Januar 2007 |
| **Malta, Zypern** | 1. Januar 2008 |
| **Slowakei** | 1. Januar 2009 |
| **Estland** | 1. Januar 2011 |

Einführung des Euro

# Gastronomie

Nachdem sich in den 1980er- und 1990er-Jahren die Fast-Food-Ketten und ausländische Restaurants in Deutschland ausgebreitet hatten, beschritt die Gastronomie ab 2000 neue Wege. Eventcharakter und Besonderheiten in Atmosphäre und Einrichtung rückten in den Mittelpunkt.

## Molekularküche

Die Molekularküche befasst sich mit biochemischen, physikalischen und lebensmitteltechnologischen Prozessen bei der Zubereitung von Speisen und Getränken. Durch die naturwissenschaftlichen Erkenntnisse ist es möglich, Speisen mit völlig neuartigen Eigenschaften zu erzeugen.

**Schäume, Gelees und Kügelchen** mit flüssigem Inhalt – die Palette der neuartigen Speisen wird immer größer.

## Dunkelrestaurant

In Dunkelrestaurants speist man in absoluter Dunkelheit. Sie sollen sehenden Menschen die Welt blinder Menschen näherbringen und zudem die Konzentration der Gäste ganz auf das Geschmackserlebnis richten. Hierfür kann man am Eingang einige grundlegende Details für das bevorstehende Menü festlegen. Die eigentlichen Inhalte der Speisen muss man jedoch erschmecken oder erfährt sie nach dem Essen am Ausgang. Als Kellner werden zumeist Blinde angestellt.

## Raucherkneipe

Ab dem Jahr 2007 wurden durch mehrere Nichtraucherschutzgesetze der Bundesländer gesetzliche Rauchverbote für die Gastronomie erlassen. Zunächst galt ein generelles Rauchverbot in den meisten Bundesländern, später wurde das Gesetz nachgebessert, woraufhin abgetrennte Räume für Raucher in Kneipen eingeführt wurden. Zudem entstanden reine Raucherkneipen, also solche, in denen das Rauchen explizit erlaubt ist.

## Systemgastronomie

Die Systemgastronomie bezieht sich auf die Standardisierung von Speisen, Getränken und Atmosphäre in mehr als einem Restaurant. Ziel ist es, dem Gast in jedem Betrieb den gleichen Standard und die gleiche Produktpalette zu bieten. Der Gastronom verfolgt hierbei ein Unternehmenskonzept und eine Corporate Identity. Die Systemgastronomie wird umgangssprachlich auch als Fast-Food-Kette oder Schnellrestaurant bezeichnet. Allerdings gibt es auch Systemgastronomiezweige, die explizit kein Fast-Food anbieten.

## Eventgastronomie

Die Event- oder Erlebnisgastronomie bewegt sich in einem weiten Spektrum und zielt darauf ab, das gastronomische Erlebnis mit zusätzlichen Unterhaltungsmerkmalen, wie z.B. dem Auftritt eines Akrobatikkünstlers, zu versehen. So kann Eventgastronomie als Unterstützung eines eigentlich größeren Events verstanden werden oder umgekehrt so konzipiert sein, dass kleinere Events den Gastronomievorgang als solchen unterstreichen. Populäre Beispiele sind mittelalterliche Mahle, Krimidinner oder „Restaurants" in luftiger Höhe, also Plattformen mit Tischen und Stühlen, die an einem Kran in mehreren Metern Höhe hängen und auf denen gespeist wird.

## Slow Food

Slow Food, von Englisch „slow" = langsam, versteht sich als Gegenbewegung zum Fast Food und den damit verbundenen Trends einer uniformen, globalisierten und vermeintlich genussfreien Küche der Systemgastronomie. Der Ausdruck Slow Food steht daher für genussvolles und bewusstes Essen.

Slow Food dient außerdem als Oberbegriff für Produkte mit authentischem, regionalem Charakter, die auf traditionelle Weise hergestellt und verspeist werden. Hierbei kommt dem Slow Food die Aufgabe zu, regionale Wirtschaftskreisläufe zu stärken und Menschen an die einzelnen Regionen zu binden.

Seit 1986 besteht zudem ein Verein, der sich den Namen Slow Food später als Marke hat schützen lassen. Der Name selbst entstand aber erst 1989 bei einem Treffen internationaler Anhänger in der Komischen Oper in Paris. Seither ziert auch eine Weinbergschnecke, ein Symbol für Langsamkeit, das Logo der Vereinigung, die im Jahr 2012 rund 100 000 Mitglieder aus aller Welt umfasst. Sie vertreten die Ansicht, dass der Genuss im Mittelpunkt des Essens stehen sollte und dass Qualität seine Zeit braucht.

# Gesetzgebung

Die Wege, wie mit aktuellen Problemen umgegangen wird, schlagen sich meist in der Gesetzgebung nieder. Betrachtet man die gesetzlichen Änderungen seit der Jahrtausendwende stechen drei Schwerpunkte hervor: Zuwanderung, Gesundheitswesen und Terrorismus.

## Lauschangriff

Bereits 1998 war der gesetzliche Rahmen für den „Großen Lauschangriff" in die Wege geleitet worden, der es der Polizei und der Staatsanwaltschaft erlaubte, Telefongespräche in der sogenannten akustischen Wohnraumüberwachung zur Strafverfolgung abzuhören.

Das Gesetz ist in der Öffentlichkeit sehr umstritten, da es für viele eine Verletzung des Grundrechts auf Unverletzlichkeit des Wohnraums darstellt. 2004 erklärte das Bundesverfassungsgericht nicht das Gesetz, sondern dessen Ausführung für nicht verfassungskonform, weshalb das Gesetz 2005 geändert wurde.

## Legehennenverordnung

Die Legehennenverordnung von 2006 fällt in den Bereich des Tierschutzes und besagt, dass alle neu zugelassenen Haltungseinrichtungen so konzipiert sein müssen, dass alle Hennen fressen, trinken, ruhen und zur Eiablage einen gesonderten Nestbereich aufsuchen können müssen. Käfige müssen zwei Meter hoch und mindestens 2 × 1,5 Meter Fläche haben.

## Zuwanderungsgesetz

Das Zuwanderungsgesetz, das seit dem 1. Januar 2005 in Kraft getreten ist, regelt wesentliche Teile des deutschen Ausländerrechts neu. Es enthält vor allem eine Maßnahmenvorgabe für illegal eingewanderte Personen. Doch entgegen des zunächst verkündeten Anspruchs finden sich in diesem Gesetz keinerlei neue Möglichkeiten für eine Einwanderung nach Deutschland.

## Diskriminierungsverbot

Mit dem Diskriminierungsverbot wird untersagt, Menschen wegen bestimmter Merkmale so sehr ungleich zu behandeln, dass dies zu einer deutlichen Benachteiligung oder Herabwürdigung führt. Weder Geschlecht, Rasse, Hautfarbe, Sprache, Religion, Weltanschauung, sozialer Status, Zugehörigkeit zu einer Minderheit oder Geburt dürfen als Grund genommen werden, eine Person zu diskriminieren. Als Reaktion auf die Richtlinien der EU hinsichtlich des Diskriminierungsverbots wurde 2006 in Deutschland das Allgemeine Gleichbehandlungsgesetz verabschiedet.

## Vorratsdatenspeicherung

Unter dem Begriff Vorratsdatenspeicherung versteht man die Speicherung personenbezogener Daten für öffentliche Stellen und Behörden, ohne dass die Daten zum Zeitpunkt der Speicherung wirklich benötigt werden. Die Speicherung findet nur für den Fall statt, dass sie einmal benötigt werden.

Im öffentlichen Verständnis bezieht sich der Begriff zumeist auf die Vorratsdatenspeicherung von Telekommunikationsdaten. So sind die Telekommunikationsdienstleistungsanbieter verpflichtet, Verbindungsdaten von elektronischen Kommunikationsvorgängen zu speichern, ohne dass ein Anfangsverdacht besteht. Dies geschieht mit dem Argument, dass es dem Staat so leichter falle, schwere Straftaten zu verhindern und zu verfolgen.

Die Vorratsdatenspeicherung steht daher auch in der massiven Kritik, da sie eine Verminderung der Anonymität darstellt. Mit der Analyse dieser Daten kann weitgehend das Kommunikationsverhalten jedes Nutzers offengelegt werden.

## Arbeitnehmer-Entsendegesetz

Das Arbeitnehmer-Entsendegesetz von 2009 regelt, auf welcher Grundlage in Deutschland in bestimmten Branchen Mindeststandards für Arbeitsbedingungen festgelegt werden können. Ursprüngliches Ziel der Gesetzgebung war die Festschreibung zwingender Arbeitsbedingungen für Arbeitnehmer, die von im Ausland ansässigen Arbeitgebern zur grenzüberschreitenden Erbringung von Diensten im Baugewerbe nach Deutschland geschickt werden. Darüber hinaus regelt das Gesetz aber auch die Mindestarbeitsbedingungen für alle im Inland tätigen Arbeitnehmer. Die zwingenden Arbeitsbedingungen beziehen sich vor allem auf Lohn, Urlaubsanspruch, Arbeits- und Gesundheitsschutz.

## Verschleierungsverbot

Im Zuge der vielerorts aufgekommenen Islamophobie wurden Stimmen in Europa laut, die das Tragen einer Burka aus unterschiedlichen Gründen verbieten wollten. Das erste EU-Land, das ein entsprechendes Verbot erließ, war 2010 Belgien. Spanien, Frankreich und die Niederlande folgten. In Deutschland wäre ein entsprechendes Gesetz verfassungswidrig.

# Gesundheit

Die Globalisierung und die schnellen Reisewege brachten vor allem die Gefahr mit sich, dass sich Epidemien, die früher lokal begrenzt waren, schnell über die ganze Menschheit ausbreiten konnten.

## Laktoseintoleranz

Bei der Laktoseintoleranz wird der mit der Nahrung aufgenommene Milchzucker (die Laktose) als Folge von fehlender oder verminderter Produktion des Enzyms Laktase nicht verdaut. Bleibt dies ohne Symptome, so spricht man von einer Laktosemalabsorption. Für 75 % der erwachsenen Weltbevölkerung ist jedoch Laktoseintoleranz mit Symptomen der Normalfall.

| | |
|---|---|
| Südostasien | 98 % |
| Aborigines | 85 % |
| Inuit | 80 % |
| Zentralasien | 80 % |
| Südamerika | 70 % |
| Südfrankreich | 65 % |
| Balkan | 55 % |
| Finnland | 18 % |
| Nordfrankreich | 17 % |
| Deutschland | 15 % |
| Dänemark | 5 % |
| Schweden | 2 % |

Globale Verteilung der Laktoseintoleranz
Stand: 31. Dezember 2010

## Hyposensibilisierung

Die Hyposensibilisierung beschreibt den Vorgang, die Reaktion des Immunsystems eines Allergikers zu reduzieren. Mit einer langsam ansteigenden Dosis versucht man dabei den Isotypenswitch in den Antikörper produzierenden B-Zellen zu erreichen.

## Praxisgebühr

Die Praxisgebühr war eine Zuzahlung in Höhe von 10 Euro, die ein Versicherter der gesetzlichen Krankenkassen pro Quartal beim Arzt, Zahnarzt, Psychotherapeut oder beim ärztlichen Notfalldienst bezahlen musste. Die Gebühr kam nach Verrechnung mit den Honoraren der Ärzte den Krankenkassen zugute. Diese Maßnahme wurde 2004 eingeführt, um den finanziellen Druck von den Krankenkassen zu nehmen. Durch die Praxisgebühr und den Gesundheitsfonds konnte das Gesundheitswesen finanziell saniert werden, sodass 2012 eine Debatte über die Rücknahme der Praxisgebühr entstand. Sie wurde zum 1. Januar 2013 abgeschafft.

### Vogelgrippe

Der Ausdruck Vogelgrippe wird umgangssprachlich für eine Viruserkrankung der Vögel verwendet, die durch Influenzaviren hervorgerufen wird. Der Begriff ist jedoch unscharf und bezieht sich bisweilen auch auf die „Geflügelpest". Wie alle anderen durch Influenzaviren verursachten Geflügelkrankheiten ist die Vogelgrippe eine meldepflichtige Tierseuche. In Einzelfällen sind die Viren in den vergangenen Jahren auch auf Säugetiere und auf Menschen übertragen worden – wie bei der Vogelgrippewelle 2006/2007.

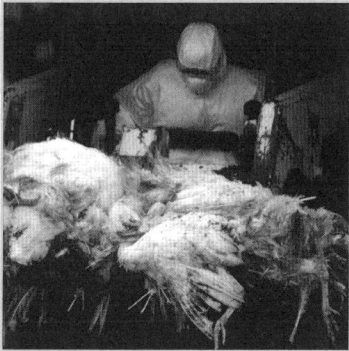

Die Tötung der erkrankten Tiere ist unter Umständen der einzige Weg, die **Ausbreitung der Seuche** zu verhindern.

### SARS

Das schwere akute respiratorische Syndrom (SARS) ist eine Infektionskrankheit, die erstmals im November 2002 in China beobachtet wurde. Sie entspricht dem klinischen Bild einer atypischen Lungenentzündung.
Der Erreger von SARS war ein bis dahin unbekanntes Coronavirus. Der einzige größere Ausbruch der Krankheit war bisher die Pandemie in den Jahren 2002/2003 mit weltweit knapp 1000 Todesfällen.

### Body-Mass-Index

Der Body-Mass-Index (BMI) ist eine Maßzahl zur Bestimmung des Körpergewichts in Abhängigkeit zur Körpergröße. Er errechnet sich aus dem Gewicht, das durch die Körpergröße im Quadrat geteilt wird, also: BMI = Gewicht/Größe$^2$. Er gibt jedoch nur einen groben Richtwert an, da er weder Geschlecht, Statur noch die Konstitution des jeweiligen Körpers berücksichtigt. Daher bleibt die Verwendung des BMI für die Diagnose von Übergewicht anhand fest definierter Grenzwerte umstritten. Eine Tabelle zu den definierten Grenzwerten wurde von der Weltgesundheitsorganisation der Vereinten Nationen herausgegeben, aber auch diese bezieht weder Geschlecht noch Alter ein.

# Internet

Das Internet ist längst in der Gegenwart aller Altergruppen und sozialen Schichten angekommen. In vielerlei Hinsicht erleichtert es den Alltag. Doch je mehr Einfluss das Internet auf Privatleben und Beruf hat, desto wichtiger werden Maßnahmen zum Schutz des Persönlichkeitsrechts.

## Community

Der Begriff Community ist nicht eindeutig. Er bedeutet übersetzt schlicht Gemeinschaft – und genauso weitläufig wie seine deutsche Entsprechung wird auch der englische Begriff verwendet. Im Allgemeinen weist der Ausdruck auf eine spezifische Gruppe in einem Internetforum hin. Man kann sich für sie anmelden und erhält einen Account, um dann mit anderen Mitgliedern dieser Gemeinschaft Informationen auszutauschen. Des Weiteren können alle Nutzer einer bestimmten Internetseite, z. B. eBay oder Amazon, als deren Community bezeichnet werden, ebenso wie Interessengruppen eines speziellen Themas.

## Website

Der Ausdruck Website steht synonym für Internetpräsenz, Webpräsenz oder Internetplattform. Er beschreibt einen virtuellen Platz im World Wide Web und besteht aus mehreren Webseiten, also einzelnen Seiten des Webauftritts. Landläufig hat sich auch der unscharfe Begriff Homepage für Website eingeprägt.

## Captcha

['kɛptʃɐ] Bisweilen ist es im Internet notwendig, sich als Mensch auszuweisen.

Das kommt vor allem dann vor, wenn ein Nutzer einen neuen Account anlegen oder sich irgendwo registrieren möchte. Hierfür gibt er seine Benutzerdaten ein, muss aber, bevor er seine Daten abschicken kann, ein weiteres Feld ausfüllen, ein Captcha. Es besteht meist aus einer Grafik, in der mehr oder minder lesbar eine Kombination aus Zahlen und Buchstaben abgebildet ist, die der Nutzer in ein Eingabefeld tippen muss. Mithilfe des Captchas kann somit vermieden werden, dass sich Programme registrieren und sie Accounts zu ihren Zwecken anlegen.

Idealerweise sind **Captchas** für Menschen einfach, für Computer sehr schwer zu entziffern.

## Blog

Das Internet bietet eine ganze Reihe an verschiedenen Publikationsmöglichkeiten. Eine davon ist der beziehungsweise das Blog.

Einzelpersonen, aber auch Unternehmen und Gruppen, können damit in chronologischer Ordnung der Veröffentlichungen selbst geschriebene Texte ins Internet stellen und somit eine große Leserschaft gewinnen. Diese Texte können kommentiert und gegebenenfalls weiterempfohlen werden, sodass sich ein Blogeintrag schnell durchs Internet verbreiten kann. Somit findet in der „Blogosphäre" ein reger Informationsaustausch zwischen Bloggern und deren Lesern statt, zumal es mittlerweile zu fast jedem Thema einen Blog gibt.

## Netzwerk

Mit dem Aufkommen des Internets hat dieser Begriff eine zusätzliche Bedeutung erhalten. Spricht man bezogen auf das Internet von einem Netzwerk, so ist entweder der allgemeine Empfang eines Internetsignals gemeint oder aber der Provider, der dieses Signal für ein Smartphone, ein Tablet oder einen Computer zur Verfügung stellt.

## WLAN

Das Wireless Local Area Network, kurz WLAN, bezeichnet ein lokales Funknetz, in das sich der Nutzer eines Computers einloggen kann, um darüber ins Internet zu gelangen. In einigen Ländern, z. B. Frankreich, Spanien, Italien, England und den USA, hat sich auch der Begriff Wi-Fi eingebürgert.

Sogenannte Hotspots strahlen an festen Punkten ein WLAN-Signal aus. Wenn man Kunde des entsprechenden Anbieters ist, kann man sich über diese Punkte problemlos mit dem Internet verbinden. Es gibt aber auch Anbieter, die generell öffentliche Räume mit einem WLAN-Signal versorgen.

Das Symbol zeigt an, dass ein Funknetz zur Verfügung steht – möglicherweise auch für die **Internetnutzung**.

## QR-Code®

[ku'|ɛrkoʊd] QR ist eine Abkürzung für „quick response", was so viel wie „schnelle Antwort" bedeutet. Der QR-Code ist ein zweidimensionaler Code, der zunächst zur Markierung von Komponenten der Firma Toyota entwickelt wurde. Er besteht aus einer quadratischen Matrix mit schwarzen und weißen Punkten und kann mithilfe eines Lesegeräts, das z. B. in Smartphones enthalten ist, eingelesen werden. Im alltäglichen Gebrauch befindet sich meist die Domain einer Internetseite dahinter, sodass die jeweilige Person direkt auf die Website geleitet wird.

Probieren Sie es selbst: Fotografieren Sie den Code mit einem Smartphone und besuchen Sie uns auf **www.duden.de**.

## PayPal

PayPal heißt übersetzt aus dem Englischen „Bezahlfreund". Es ist ein Onlinebezahlsystem und eine 2002 erworbene Tochtergesellschaft des US-amerikanischen Unternehmens eBay.

PayPal findet vor allem im Internet als Zahldienstleister von kleineren und mittleren Beträgen Anwendung. Ein PayPal-Konto ist im Grunde genommen ein virtuelles Konto, das durch eine E-Mail-Adresse und eine Bankverbindung an einen Kunden gebunden ist. Eine Kontonummer gibt es nicht.

Bei einer Zahlung übernimmt PayPal dann lediglich die Funktion des Dienstleisters für den Transfer, wohingegen es nicht als Treuhänder auftritt. Dafür gewährleistet das Unternehmen einen sicheren, schnellen Zahlungsverkehr.

## Web 2.0

Der Ausdruck Web 2.0 ist ein Schlagwort, das stellvertretend für den Wandel des Internets zu Beginn des neuen Jahrtausends steht. Es weist auf eine Reihe interaktiver Elemente des World Wide Webs hin, sodass der Nutzer fortan nicht nur die Inhalte des Netzes konsumiert, sondern selbst Inhalte ins Internet stellt. Der Begriff verschwindet allerdings zugunsten des Ausdrucks „Social Media".

## Wiki

Ein Wiki ist eine Web-2.0-Anwendung für Webseiten. Mit ihm können Nutzer nicht nur Beiträge lesen, sondern sie auch selbst redigieren oder ändern. Dies wird durch ein vereinfachtes Content Management System (CMS) gewährleistet, die sogenannte Wiki-Software, das es dem Nutzer erleichtert, Texte online zu erstellen oder zu bearbeiten.

Das bekannteste Wiki ist die 2001 gestartete Onlineenzyklopädie Wikipedia, die von jedermann geändert werden kann. Jedoch sollte jeder Leser kritisch mit den Texten umgehen, weil nicht nachvollziehbar ist, wer hinter den Texten steht, mit welcher Motivation die Einträge verfasst wurden und wie der Wissensstand des Verfassers ist.

## Internetauktion

Bei einer Internetauktion wird die Auktion ins Internet verlagert. Hierbei erreicht das Auktionshaus unter Umständen weltweit seine Interessengemeinschaft, was einen deutlichen Vorteil für Anbieter und Käufer hat.

Das bekannteste Internetauktionshaus ist das US-amerikanische Unternehmen eBay, mit dessen Hilfe jeder Internetnutzer jederzeit die dort angebotenen Artikel ersteigern oder selbst Artikel zum Kauf beziehungsweise zur Ersteigerung anbieten kann.

## Tag-Cloud

['tægklaʊd] Für den Ausdruck Tag-Cloud gibt es eine deutsche Entsprechung, die die Bedeutung des Begriffs bereits durchscheinen lässt: Schlagwortwolke. Dieses Modul wurde entwickelt, um dem Nutzer einer Website einen schnellen Überblick über Inhalte und besonders häufig gesuchte Schlagwörter dieser Internetpräsenz zu ermöglichen. Dies war vor dem Hintergrund notwendig geworden, dass im Lauf der 2000er-Jahre immer komplexere Websites entwickelt wurden, deren Inhalt stetig wuchs.

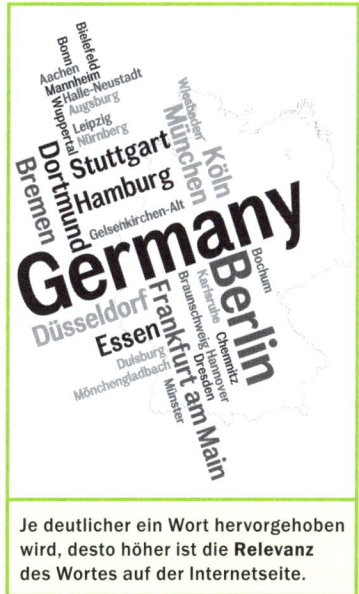

Je deutlicher ein Wort hervorgehoben wird, desto höher ist die **Relevanz** des Wortes auf der Internetseite.

## Internettelefonie

Internettelefonie, auch IP-Telefonie oder auch Voice over IP (VOIP) genannt, ist das Telefonieren über Computernetzwerke. Diese Technik könnte die bislang herkömmliche Telefontechnologie samt ISDN und Telefonnetz ersetzen. Laut einer Studie des Jahres 2010 nutzt etwa ein Zehntel der Deutschen bereits ausschließlich die VOIP-Technologie und sitzt zum Telefonieren mit einem Headset vor dem Computer.

## Onlinepublishing

Als Onlinepublishing oder auch Netzpublikation bezeichnet man eine Veröffentlichung, die nicht auf einem herkömmlichen Weg publiziert wird, wie zum Beispiel ein Buch oder ein Artikel in einem Magazin, sondern über das Internet. Beispiele für Netzpublikationen sind Blogs, E-Books, PDF-Downloads, Wikis, E-Mail-Newsletter und elektronische Zeitschriften. Unterschieden wird dabei generell in Publikationen, die eher einer Internetseite ähneln oder die die Anmutung eines gedruckten Werkes haben, wie dies meist bei PDFs der Fall ist.

## Disclaimer

Rein rechtlich gesehen, muss bei jedem Internetauftritt ein Impressum aufgeführt sein, in dem der Nutzer lesen kann, wer für die Seiteninhalte verantwortlich ist, wem der Auftritt gehört und wo der Sitz des Unternehmens ist. Im Impressum taucht daneben oft der Disclaimer auf, mit dem sich der Seitenbesitzer unter anderem von Inhalten anderer Seiten, auf die seine eigene Seite verlinkt, distanziert.

## Onlinedurchsuchung

Als Onlinedurchsuchung wird der geheime staatliche Zugriff auf fremde Computer bezeichnet. Ziel dieser in der Öffentlichkeit umstrittenen Maßnahme soll sein, in Einzelfällen neue Informationen zu kriminellen Netzwerken im Rahmen der Strafverfolgung und zur Gefahrenabwehr gewinnen zu können. Um eine solche Durchsuchung durchzuführen, setzte die Bundesregierung auf die Schadsoftware des Trojaners. Angelegt an das Trojanische Pferd, ist der sogenannte Bundestrojaner eine Software, die heimlich in das jeweilige Computersystem schleicht und sich dann dort entfaltet. Die Diskussion um Onlinedurchsuchungen erhielt eine so große mediale Aufmerksamkeit, dass der Begriff 2009 in den Duden aufgenommen wurde.

### Nickname

Der Ausdruck Nickname ist englisch und bedeutet „Spitzname". Im Internet verwenden Nutzer vereinzelt Pseudonyme anstelle des eigenen Namens, sobald sie sich öffentlich sichtbar registrieren müssen.

Teilweise erschaffen sich Nutzer aber auch unter einem Nickname eine zweite Identität und agieren damit auf mehreren Internetplattformen. Dieser zweiten Identität geben sie verschiedene Eigenschaften, die sie unter dem gewählten Nickname durch mehrere Internetpräsenzen aufrechterhalten.

### Streaming

['striːmɪŋ] Streaming, deutsch „Datenstrom", bezeichnet die kontinuierliche Übertragung von Daten über ein Netzwerk. Hierbei ist es wichtig, dass in einem Datenstrom immer nicht statische Dateien übertragen werden, die in einer bestimmten Reihenfolge vorliegen.

So wird das Streaming genutzt, um Multimediadateien wie zum Beispiel Filme, Musik und Liveübertragungen von Konzerten oder Sportveranstaltungen im Internet abzuspielen.

### Surfstick

Bei einem Surfstick handelt es sich um einen besonderen USB-Stick, der über eine USB-Schnittstelle mit dem Computer verbunden werden kann. Anders als die meisten USB-Sticks ist diese Art jedoch fähig, eine Verbindung zum Internet herzustellen. Daher der Name „Surfstick", um im Internet zu „surfen".

Ein Surfstick ist eine der technischen Möglichkeiten, die das mobile Internet unterstützen.

**Mithilfe eines Surfsticks kann eine Verbindung zum Internet hergestellt werden – und das ganz ohne Kabel.**

# Jugend

In der Jugendkultur spiegelt sich häufig der Zeitgeist einer ganzen Generation wider. Globalisierung, Einfluss des Internets sowie der Digitalisierung sind bei der Jugend deutlich spürbar.

## Emo

Der Ausdruck Emo (kurz für englisch emotion = Gefühl) bezeichnet ursprünglich ein Subgenre des Hardcore-punk, das Emocore genannt wird und seine Hochphase in den 1980er-Jahren hatte. In den Texten dieser Musikrichtung liegt die Betonung auf negativen Gefühlen wie Verzweiflung und Trauer. Seit dem Jahr 2000 wird mit Emo auch eine Jugendbewegung bezeichnet, die ebenso von Emotionalität geprägt ist und die ihren Gefühlen freien Lauf lässt. Sensibilität und Melancholie prägen das Erscheinungsbild dieser Jugendkultur.

Die Modekultur der **Emos** vereint Elemente des Hardcoremilieus mit Gothic und Punk.

## Generation Praktikum

Der Ausdruck Generation Praktikum entstammt einem ZEIT-Artikel aus dem Jahr 2005 und lehnt sich an ältere Begriffe wie „Generation Golf" oder „Generation X" an. Da junge Akademiker vermehrt unbezahlten oder minderbezahlten Tätigkeiten in unsicheren beruflichen Verhältnissen nachgehen müssen, obwohl sie auf der Suche nach einer Festanstellung sind, werden diese mittlerweile häufig unter dem Schlagwort Generation Praktikum zusammengefasst.

Einige Unternehmen nutzen diese Situation aus und beschäftigen Praktikanten, um das Risiko einer Neuanstellung zu umgehen.

Die jungen Arbeitnehmer versuchen ihrerseits, größere Lücken in ihrem Lebenslauf zu verhindern.

## Digital Native

['dɪdʒɪtḷ 'neɪtɪv] Der Ausdruck Digital Natives umfasst, genauso wie der Begriff Generation@, die Altersgruppe, die bereits mit dem Internet aufgewachsen und daher mit ihm vertraut ist.

Daraus ergibt sich auch ein anderer Umgang mit dem Internet. Während die Generationen vor den Digital Natives das Internet befürworten, ablehnen und hinterfragen, ist es für die Generation@ ganz normaler Alltag.

Der Begriff wurde 2001 von dem Pädagogen Marc Prensky geprägt mit seinen Artikeln „Digital Natives, Digital Immigrants" und „Do They Really Think Differently?". Dabei bezieht er sich auch auf das Antonym „Digital Immigrant", mit dem eine Person umschrieben wird, die die digitalen Technologien wie das Internet, Computer, Mobiltelefone und Tablets erst im Erwachsenenalter kennengelernt hat.

Die Medienwissenschaften bewerten den Begriff allerdings kritisch und lehnen eine Klassifizierung von Digital Natives ab. Der Grund: Ihre Untersuchungen haben keine Unterschiede des tatsächlichen Nutzungsverhaltens zu anderen Generationen gezeigt. Im Sinne dieses Begriffs habe sich keine neue Generation herausgebildet.

## Convention

[kɔn'venʃn̩] Eine Convention ist in gewisser Weise eine Art Messe, bei der der Handel im Hintergrund steht. Dem lateinischen Ursprung des Wortes folgend, kommen Menschen mit einem gemeinsamen Interesse an einem Ort zusammen und tauschen sich aus. Zusätzlich sind Experten eingeladen. So gibt es Conventions zu den Populärthemen „Star Trek", „Star Wars", „Herr der Ringe" oder auch Conventions zur Comicwelt. Filmschaffende und Schauspieler treten dabei auf und nutzen die Gelegenheit, auf einen neuen Film oder eine neue Serie hinzuweisen.

## Halloween

Halloween, ursprünglich All Hallows' Eve, Vorabend von Allerheiligen, ist ein Fest, das von irischen Einwanderern in die USA gebracht wurde und von dort aus nach Deutschland kam. Auslöser war die ausgefallene Karnevals- und Faschingssaison 1991, die wegen des Golfkrieges ausgesetzt wurde. Der deutsche Einzelhandel suchte nach einer Möglichkeit, die Kostüme zu einer anderen Gelegenheit verkaufen zu können, und entdeckte das amerikanische Fest für sich, das sich schließlich nach 2000 etablierte. Kinder ziehen nun auch hierzulande verkleidet um die Häuser, Jugendliche und Erwachsene vergnügen sich auf Halloweenpartys.

# Kaffee

Von all den Themen aus der Gastronomie erlebte die Welt rund um den Kaffee die meisten Veränderungen. Es entstanden neue Kaffeegetränke sowie eine neue Genusskultur und der Verbrauch in Deutschland stieg.

### Kaffeepad

Unter dem Begriff Kaffeepad versteht man Kaffeepulver in einem Filterbeutel, das von der Menge für genau eine Portion ausreicht. Diese Pads können nicht mit einer herkömmlichen Maschine aufgebrüht werden, sondern nur von einer eigens für diesen Zweck hergestellten Maschine. Die Kaffeepads sind in mehreren Geschmacksrichtungen – meist aufgrund unterschiedlicher Röstungen – erhältlich.

### Kaffeekapseln

Die Kaffeekapseln erfüllen eine ähnliche Funktion wie die Kaffeepads. Sie gehören zur Nespresso-Kaffeemaschine der Firma Nestlé und können nur mit ihr verwendet werden. Die Kapseln sind auf eine oder zwei Tassen proportioniert und in mehreren Sorten erhältlich. Schnell fanden sich Nachahmer, die überwiegend ab dem Jahr 2009 eigene Kapseln auf den Markt brachten.

### Crema

Als Crema wird der goldbraune Schaum bezeichnet, der sich an der Oberfläche eines mit genügend hohem Druck extrahierten Kaffeegetränks bildet. Er ist ein wesentlicher Bestandteil des Aromas, denn er entsteht unter anderem aus Ölen, die ursprünglich in der Kaffeebohne enthalten sind. Anhand der Farbe, Dichte und Menge der Crema lassen sich Rückschlüsse auf die Zubereitung und die Frische der Röstung ziehen. Je älter der Kaffee, desto weniger Crema.

### Kaffee to go

„For here or to go?", wird man in amerikanischen Fast-Food-Läden häufig gefragt, wenn man etwas bestellt. Von dieser Situation abgeleitet, hat sich auch hierzulande der Ausdruck „to go" für „zum Mitnehmen" etabliert. Ein „Kaffee to go" ist demnach ein Kaffee, den man – meistens im Pappbecher und mit Kunststoffdeckel vor dem Überlaufen geschützt – auch unterwegs zu sich nehmen kann: im Auto, in der S-Bahn oder in der Fußgängerzone.

## Coffeeshop

Verstand man noch vor einem Jahrzehnt unter diesem Begriff ein Geschäft in den Niederlanden, das dort legal Drogen verkauft, so hat sich bis heute eine Bedeutungserweiterung vollzogen.

Mit diesem Begriff wird vor allem der Veränderung der Kaffeekultur Rechnung getragen. Ein Coffeeshop ist eine Weiterentwicklung des Straßencafés und stellt sich in die Tradition der alten Kaffeehauskultur, denn nur dort wurde Kaffee richtig zubereitet und serviert.

In diesem Zusammenhang sind Coffeeshops – häufig Teil einer Kette wie Coffeefellows, Starbucks oder Star Coffee – eine „Gaststätte", in der vor allem Kaffee von einem Barista in moderner Weise zubereitet und serviert wird. Die Auswahl der Kaffeegetränke ist meist größer als in klassischen Cafés, denn es wird viel experimentiert. Die Angebote reichen von herkömmlichen Kaffee- und Espressosorten hin zu kalten Getränkevariationen im Sommer, angereichert durch Eis oder Schokoladensoßen. Neben dem Hauptbestandteil Kaffee werden zudem einige Speisen und Getränke gereicht, die den Kaffeegenuss unterstreichen.

## Barista

Barista ist die Berufsbezeichnung für jemanden, der in einer Kaffeebar arbeitet und für die Zubereitung des Kaffees verantwortlich ist.

Der Begriff stammt eigentlich aus dem italienischen und bedeutet lediglich Barkeeper. Er gelangte in die englische Sprache, erfuhr dort die oben beschriebene Bedeutungsverschiebung und wanderte so in den deutschen Sprachgebrauch.

**Latte Art:** Mit speziellen Gießtechniken erzeugt der Barista Muster zur Veredelung von Kaffeegetränken – hier ein Schwan.

# Kommunikation

Bei der historischen Einordnung wird unsere Gegenwart bisweilen als Informations- beziehungsweise Kommunikationszeitalter bezeichnet. Mit diesem Ausdruck will man der Tatsache Rechnung tragen, dass es durch die neuen Techniken viele neue Kommunikationsmöglichkeiten bietet.

## Voicemailbox

Eine Voicemailbox ist die Weiterentwicklung eines Anrufbeantworters. Die Voicemailbox ist dabei nicht mehr ein zugeschaltetes Gerät, das sich nach einer bestimmten Anzahl von Anrufen hinzuschaltet, sondern ein in das Telefon integriertes System. Dementsprechend kann man die Sprachnachrichten nicht mehr mit dem Anrufbeantworter, sondern mit dem Telefon selbst abhören, indem man die Nummer der Mailbox anwählt.

## Chatroom

Der Chatroom (englisch „to chat" = sich unterhalten) ist ein virtueller Raum, in dem sich zwei oder mehrere Personen in Echtzeit zum chatten treffen können. Hierfür tauschen sie kleine Textnachrichten miteinander aus, schicken sich Emoticons, um Ironie oder Emotionen zu zeigen. Chaträume werden immer beliebter, sodass viele Internetdienstanbieter eigene Chaträume für ihr Angebot erstellt haben. Mittlerweile gehört es zum Standard einer jeden Internetplattform, dass man sich mit Kurznachrichten austauschen kann.

## Callcenter

Die Werbespezialisten dringen immer weiter und gezielter in die Welt ihrer Zielgruppe vor. Galt bis in die 1990er-Jahre hinein das Bestreben, möglichst laut und häufig Werbebotschaften über verschiedene Medien an die breite Masse zu versenden, so entwickelte sich um die Jahrtausendwende das Telefonmarketing. Hierfür kauften Callcenter Adressdaten mit Telefonnummern von Personen, die zuvor als Zielgruppe eines bestimmten Produkts identifiziert wurden.

Vom Callcenter aus werden Anrufe an Privat- oder auch Geschäftsanschlüsse getätigt, um direkt am Telefon das entsprechende Produkt zu verkaufen. In gewisser Weise ersetzten die Callcenter durch ihre Methode die Hausierer, die in den Jahrzehnten davor mit ihren Produkten von Haustür zu Haustür zogen und sie dem Kunden direkt anboten.

## Fotohandy

Zu Beginn des ersten Jahrzehnts des 21. Jahrhunderts wurden die ersten Mobiltelefone mit Kameras versehen und vertrieben. Um sich von den herkömmlichen Produkten zu unterscheiden, sprach man von einem „Fotohandy". Mittlerweile gehört eine Kamera jedoch zur Standardausstattung eines Mobiltelefons, wobei in manchen Smartphones und Tablets Kameras eingebaut sind, die herkömmliche Digitalkameras an Qualität deutlich übertreffen können.

## Mediendemokratie

Mit dem Schlagwort „Mediendemokratie" wird allgemein auf die gestiegene Bedeutung der Massenmedien für die Politik hingewiesen. Die Medien werden in diesem Zusammenhang nicht nur als bloße Informationskanäle aufgefasst, sondern vielmehr als meinungsbildende Akteure. In der Mediendemokratie werden von politischen Akteuren Entscheidungen, Aussagen und Beschlüsse dahingehend getroffen, um möglichst gut im Fernsehen oder im Internet zu erscheinen. Einzelne getroffene Aussagen können wahlentscheidend sein, wenn sie eine entsprechende Wirkung haben und in den Medien verbreitet werden. Politische Veranstaltungen wie Parteitage oder Rededuelle werden daher häufig zu Inszenierungen der Politik.

## Soziale Netzwerke

Die Idee des Web 2.0 verdeutlichte einen neuen Umgang mit dem Internet. Zuvor war das Netz ein reiner Informationskanal. Mit dem Aufkommen der sozialen Netzwerke jedoch wurde es zu einer großen Interaktionsplattform, an der sich jeder beteiligen kann.

Vor diesem Hintergrund bildeten sich passwortgeschützte Bereiche, für die sich jeder Nutzer anmelden kann. In diesen geschützten Bereichen – den sozialen Netzwerken – können sich Nutzer je nach thematischer Ausrichtung des Netzwerks austauschen, vernetzen und sich selbst darstellen.

Neben einer Vielzahl kleiner sozialer Netzwerke haben sich wenige große im Internet etabliert. Diese sind Facebook (privater Austausch), Twitter (eine Art persönlicher Pressedienst), XING (beruflicher Austausch) und LinkedIn (Diskussionen). Zusätzlich haben viele Internetplattformen großer Medienunternehmen, Fernsehsender oder Zeitungen ihr eigenes soziales Netzwerk.

## Smartphone

Das Smartphone ist die Weiterentwicklung des Mobiltelefons. Der englische Begriff „smart" bedeutet auf Deutsch „klug". Damit soll darauf verwiesen werden, dass sich die Technik der Mobiltelefone hin zu einem kleinen portablen Computer weiterentwickelt hat. Mit einem Smartphone kann man nicht mehr nur telefonieren, sondern mit der Hilfe von Apps allerlei Programme abspielen, im Internet surfen und fotografieren. Neuere Smartphones haben zudem einen Touchscreen.

Die „kluge" Telefonvariante findet auch bei der Bevölkerung positiven Anklang: 2012 meldet der Branchenverband Bitkom, dass 34 Prozent der deutschen Bürger ein Smartphone besitzen.

Typisch für viele Smartphones: Anstatt über Tasten bedient man das Mobiltelefon über einen **Touchscreen**.

## Intranet / Extranet

Der Begriff Intranet, von lat. „intra" innerhalb, beschreibt ein Netz, das im Gegensatz zum Internet, nicht öffentlich, sondern nur für interne Zwecke gedacht ist. Es ist nicht räumlich begrenzt, sondern steht nur einem bestimmten Rahmen an Nutzern zur Verfügung, um die Informationsströme dieser zu schützen.

Das Extranet ist eine Erweiterung des Intranets um einen Bereich, der dann auch von externen Nutzern verwendet werden kann. Auch dieser Bereich ist nicht öffentlich, sondern, beispielsweise bei Unternehmen, nur für Kunden, Partner und Journalisten zugänglich.

## SMS®

SMS bedeutet eigentlich Short Message System („Kurznachrichtensystem"). Mit dem Aufkommen der Mobiltelefone und deren Etablierung nach 2000 konnten die Nutzer zunächst nicht nur telefonieren, sondern auch gegen Gebühr Kurznachrichten verschicken. Da die heutigen Smartphones aber mit E-Mail-Programmen und Nachrichtensystem der sozialen Netzwerke versehen sind, die keine Gebühren kosten, verlieren die kostenpflichtigen SMS an Bedeutung.

Analog zum Substantiv „SMS" hat sich auch das Verb „simsen" herausgebildet, das für das Verfassen und Senden einer Kurznachricht steht.

## UMTS / GSM / GPS

UMTS steht für Universal Mobile Telecommunications System und ist ein Mobilfunkstandard der dritten Generation (3G). Es stellt wesentlich schnellere Datenübertragungsraten als seine Vorgänger zur Verfügung.

GSM steht für Global System for Mobile Communications und ist der verbreitetste Standard in der digitalen Mobilkommunikation. Allerdings gehört er der älteren Technologie an (2G).

GPS bedeutet Global Positioning System und ist ein globales Navigationssatellitensystem zur Positionsbestimmung und Zeitmessung. Es wurde bereits in den 1970er-Jahren entwickelt und zunächst nur bei militärischen Vorhaben eingesetzt. Nach der Freigabe des Systems für zivile Zwecke im Jahr 2000 entwickelte die Industrie bald unterschiedliche Apps und Funktionen für Smartphones, wodurch es zu einer weiten Verbreitung des GPS-Systems in der Bevölkerung kam. Es wird für alle Positionsbestimmungen verwendet, ganz gleich, ob es sich um Luftfahrt, Seefahrt, das Navigationssystem des Autos oder den öffentlichen Personennahverkehr handelt.

## Packstation

Eine Packstation ist eine Einrichtung von DHL, dem Paketdienstleister der Deutschen Post. Hier können Paketlieferanten Päckchen hinterlegen, während bei der DHL registrierte Kunden rund um die Uhr dort ihre Päckchen mithilfe einer Geheimzahl abholen können.

Diese Dienstleistung wurde notwendig, weil die Paketdienstleister die Adressaten nur noch selten während des Tages zu Hause antreffen und die Pakete dort direkt abliefern konnten.

An **Packstationen** können Kunden rund um die Uhr Pakete abholen oder zur Absendung anliefern.

# Körperpflege

Jede Generation hat ihre Schönheitsideale, die im Nachhinein teilweise nur im Zusammenhang mit dem Zeitgeist verstanden werden können. Aus diesen Idealen heraus ergeben sich immer wieder neue Wege, die entsprechende Schönheit auch zu erreichen.

### Floating

Als Floating bezeichnet man eine Entspannungstechnik, bei der Personen in einer bestimmten Anlage im konzentrierten Salzwasser schwimmen, als seien sie schwerelos. Anwendung findet es in der Sportmedizin, Dermatologie wie auch im Bereich des Stressmanagements.

Abgeschottet von Außenreizen, kann das Schweben im Wasser zur **Entspannung von Körper und Seele** führen.

### Botox

Botox ist ein Sammelbegriff für mehrere neurotoxische Proteine und zugleich der Handelsname des Produkts. Es ist ein Nervengift, das neben anderen medizinischen Zwecken heute vor allem in der Schönheitschirurgie verwendet wird. Mit Botox-Injektionen werden beispielsweise Lippen „aufgespritzt" oder Falten geglättet.

### PEG

Ein PEG ist ein Polyethylenglycol, das in der Pharmazie, der Medizin sowie in Kosmetikprodukten eingesetzt wird.

Aufgrund seiner penetrationsfördernden Eigenschaft, was bedeutet, dass die Haut dadurch für Flüssigkeiten durchlässiger wird, werden PEGs in einer Vielzahl an kosmetischen Artikeln wie Cremes, Parfüms, Deodorants, Lippenstiften und Zahnpasten verwendet.

## Zahnbleaching

Zahnbleaching oder auch Zahnaufhellung ist eine Methode, um menschliche Zähne aus kosmetischen und ästhetischen Gründen aufzuhellen. Zahnverfärbungen können durch den Einfluss von Lebensmitteln und Konsumgütern entstehen. Da jedoch seit jeher weiße Zähne zum Schönheitsideal der Menschheit zählen, ist der häufigste Grund für eine Zahnaufhellung der Wunsch nach Schönheit. Eine medizinische Notwendigkeit ist letztlich nur aus psychologischen Gründen gegeben, wenn die Zahnverfärbungen einen Patienten schwer belasten.

Es gibt verschiedene Methoden zur Aufhellung: das „Home Bleaching", hierzu wird dem Patienten eine Kunststoffschiene mit Aufhellungsgel überzogen, das „Power Bleaching", bei dem der Zahnarzt das Aufhellungsmittel direkt auf die Zähne aufträgt, und die „Walking-Bleach-Technik" für einen abgestorbenen Zahn, bei dem die Krone geöffnet und das Aufhellungsmittel in den Zahn verabreicht wird.

Zu beachten: Eine Zahnaufhellung hält zwar nicht ewig, aber jahrelang.

## Spa

Im Deutschen wird der Begriff Spa analog zum Englischen als Oberbegriff für verschiedene Gesundheits- und Wellnesseinrichtungen gebraucht. Hierzu zählen Schwimmbäder, Saunalandschaften, Fitnessbereiche, aber auch ganze Hotelanlagen, Schönheitsfarmen und Heilbäder. Die Ursprünge dieser Bezeichnung gehen auf den belgischen Badeort Spa zurück, sodass der Name des Heilbades quasi zu einem Gattungsbegriff wurde.

**Hot-Stone-Massagen** sind nur ein Beispiel für vielzählige Anwendungen im Spa.

# Lebensart

Aus dem Zeitgeist einer jeden Generation entwickelt sich auch die Lebensart eines Jahrzehnts. Treibende Kräfte waren Kultur, Gesundheit, Gleichberechtigung und Geschwindigkeit. Sie alle schlugen sich in neuen Events, Auszeichnungen und Freizeitmöglichkeiten nieder.

## Museumsnacht

Beinahe in jeder deutschen Stadt gibt es mittlerweile sogenannte lange Museumsnächte. In diesen Nächten öffnen Museen, Galerien sowie viele andere kulturelle Institutionen eine Nacht lang zu einem pauschalen Eintrittspreis ihre Pforten. Unterstützt werden die Museumsnächte durch vielerlei Veranstaltungen in den teilnehmenden Einrichtungen oder auf öffentlichen Plätzen. Übrigens: Zu einer ersten „Langen Nacht der Museen" kam es 1997 in Berlin.

## Bookcrossing

Bookcrossing ist eine weltweite Bewegung zur Weitergabe von Büchern. Über eine zentrale Datenbank kann jeder nachvollziehen, in welchen Händen die entsprechenden Bücher bereits waren. Auf der Bookcrossing-Website wird jedes Buch registriert und erhält zudem eine eigene Seite, auf der der aktuelle sowie der zukünftige Besitzer verzeichnet ist. Erfunden wurde dieses Prinzip von dem Amerikaner Ron Hornbaker im Jahr 2001. Er wollte mit dieser Idee die Bücher in die „Freiheit entlassen".

## UNESCO-Weltkulturerbe

Die UNESCO verlieh den Titel Weltkulturerbe an einzigartige Orte, die von den einzelnen Staaten vorgeschlagen werden müssen. Neben dem Weltkulturerbe gibt es auch das Weltnaturerbe und das Weltdokumentenerbe.

| | |
|---|---|
| Markgräfliches Opernhaus Bayreuth | 2012 |
| Alte Buchenwälder Deutschlands | 2011 |
| Wattenmeer | 2009 |
| Siedlungen der Berliner Moderne | 2008 |
| Altstadt von Regensburg | 2006 |
| Obergermanisch-rätischer Limes | 2005 |
| Muskauer Park | 2004 |
| Oberes Mittelrheintal | 2002 |
| Industriekomplex Zeche Essen | 2001 |
| Klosterinsel Reichenau | 2000 |
| Wartburg | 1999 |

UNESCO-Weltkulturerbestätten in Deutschland seit 1999

## Kulturhauptstadt

Die Kulturhauptstadt Europas ist eine Initiative der EU, die es seit 1999 gibt und die die Kulturstadt ablöste. Der Titel wird alljährlich an Städte vergeben, um die kulturelle Vielfalt Europas zu betonen.

| | |
|---|---|
| Aarhus | 2017 |
| San Sebastian, Breslau | 2016 |
| Mons, Pilsen | 2015 |
| Umeå, Riga | 2014 |
| Marseille, Kosice | 2013 |
| Guimarães, Maribor | 2012 |
| Turku, Tallinn | 2011 |
| Essen (Ruhrgebiet), Pécs, Istanbul | 2010 |
| Linz, Vilnius | 2009 |
| Liverpool, Stavanger | 2008 |
| Luxemburg, Sibiu | 2007 |
| Patras | 2006 |
| Cork | 2005 |
| Lille, Genua | 2004 |
| Graz | 2003 |
| Salamanca, Brügge | 2002 |
| Porto, Rotterdam | 2001 |
| Helsinki, Krakau, Prag, Reykjavik, Santiago de Compostela | 2000 |
| Weimar, Avignon, Bergen, Bologna, Brüssel | 1999 |

## Poetry-Slam

Man könnte diesen englischen Ausdruck mit „Dichterwettstreit" übersetzen. Im Grunde ist es ein literarischer Vortragswettbewerb, bei dem die Vortragenden vor einem Livepublikum und teilweise auch mit begleitenden Darstellungen wetteifern. Im Anschluss küren die Zuhörer einen Sieger. Ausgehend von einer ersten Veranstaltung in Chicago verbreitete sich diese Form des literarischen Wettbewerbs nach der Jahrtausendwende auch in Deutschland und anderen Ländern Europas.

## Gehirnjogging

Gehirnjogging ist eine Form des Gehirntrainings. Dabei handelt es sich um eine Form des Trainings der geistigen Leistungsfähigkeit.

Im Detail ist Gehirnjogging ein spezielles „mentales Aktivierungstraining" (MAT), das vor allem die Informationsverarbeitungsgeschwindigkeit und die Merkspanne optimiert.

Bekannt wurde der Ausdruck durch mehrere Buchveröffentlichungen und durch das Konsolenspiel „Dr. Kawashimas Gehirnjogging".

## Mehrgenerationenhaus

Der Ausdruck Mehrgenerationenhaus beschreibt ein Haus oder Gebäude, das von unterschiedlichen Generationen als Wohnraum genutzt wird. Diese Wohngemeinschaft setzt sich aus mehreren, unabhängigen Personen zusammen, die sich ihr freiwillig anschließen. Neben dem eigenen Wohnbereich werden allgemeine Räume wie Bad, Küche und Wohnzimmer gemeinschaftlich genutzt. Die Bundesregierung fördert seit dem Jahr 2006 den Gebrauch von Mehrgenerationenhäusern durch ein Aktionsprogramm.

## CSD

CSD steht kurz für Christopher Street Day. Er ist der Gedenktag zur Gleichstellung von Homosexuellen, Bisexuellen und Transgendern. An ihm wird für die Rechte und Gleichstellung dieser Gruppierungen und zugleich gegen Diskriminierung und Ausgrenzung demonstriert. Der Name bezieht sich auf einen bekannt gewordenen Aufstand von Homosexuellen gegen polizeiliche Willkür in New York am 28. Juni 1969. Die heutigen CSDs in Deutschland finden nicht genau am historischen Datum, sondern an Wochenenden von Juni bis August statt. Obwohl es den CSD schon seit längerer Zeit gibt, hat der Begriff erst nach 2000 den Weg in den allgemeinen Sprachgebrauch gefunden.

## Speeddating

Ein Date ist ein Rendezvous. Bei einem Speeddating ist das Ziel, in möglichst kurzer Zeit möglichst viele potenzielle Beziehungspartner kennenzulernen. Bei kommerziell ausgerichteten Speeddatings treffen sich meist männliche und weibliche Personen, die alleinstehend sind. Den Regeln zufolge sitzen sie sich eine bestimmte Zeit gegenüber und haben so die Möglichkeit, sich kurz kennenzulernen. Ist die Zeit abgelaufen, wechseln die Gesprächspartner, bis mit allen Anwesenden gesprochen wurde. Am Ende kann man bei der Leitung einen Hinweis abgeben, mit wem man sich gerne wieder treffen möchte.

## Heimroboter

Heimroboter sind spezialisierte Roboter, die Aufgaben im Haus, Garten wie in der Wohnung übernehmen. Bislang wurden Roboter in großer Stückzahl nur in der Industrie eingesetzt, doch drängen nun Unternehmen, die Heimroboter entwickeln, in den privaten Markt vor. Hier sollen Roboter staubsaugen, Rasen mähen und weitere Dienste übernehmen. Allerdings steckt dieses Phänomen erst in den Kinderschuhen. Heimroboter sind nach wie vor eine Seltenheit.

## Barfußpfad

Ein Barfußpfad ist ein Wegstück, das barfuß begangen werden soll. Dadurch kann der Begeher dieses Pfades Sinneseindrücke erleben, die ihm Entspannung ermöglichen sollen.

Solche Pfade werden mit den unterschiedlichsten Materialien gebaut. So gibt es Barfußpfade aus Erde, Matsch, Moor, Holz aber auch aus Eis, Kartons und Steinen. Vor allem im Süden Deutschlands, wie in den Alpenländern nahe touristischer Ortschaften, haben sich solche Barfußpfade herausgebildet. Mit 4,5 km Länge ist der Barfußpfad in Bad Orb (Hessen) der längste seiner Art in Deutschland.

## Guerillagärtnerei

Dieser Ausdruck, oder die englische Entsprechung Guerilla Gardening, beschreibt eine subtile Form des Protests. Ausgangspunkt war eine Protestaktion am 1. Mai 2000 in London, als Globalisierungsgegner und Umweltaktivisten, mit Gartengeräten ausgestattet, öffentlichkeitswirksam ein Beet in der Mitte der Stadt anlegten. Diese Aktion verbreitete sich schnell in politisch aktiven Kreisen. Wie echte Guerillakämpfer vermeiden auch die Guerillagärtner die offene Konfrontation und säen lieber heimlich in Großstädten Pflanzensamen aus, um auf die fortschreitende Umweltverschmutzung hinzuweisen.

## Couchsurfing

Couchsurfing ist ein kostenloses, aber dennoch kommerzielles Internetunternehmen. Es versteht sich als Dienstleister, der seinen Mitgliedern die Möglichkeit bietet, auf Reisen kostenlose Unterkünfte zu finden oder selbst eine Unterkunft anzubieten. Den Kern des Angebots bildet der Austausch von Gastfreundschaft, es ist also verboten, Geld zu verlangen. Dauer, Art und Rahmenbedingungen müssen zuvor festgelegt werden. Um den Gastgeber vor einer Reise besser einschätzen zu können, gibt es auf der Website ein Ratingsystem sowie Nutzerprofile. Im Jahr 2011 zählte Couchsurfing weltweit über drei Millionen Mitglieder in über 81 000 Städten.

## Ökotourismus

Ökotourismus ist eine Form des Tourismus, die besonders Rücksicht auf die Natur sowie die Belange der Umwelt und der Bevölkerung vor Ort nimmt. Der Begriff wird nicht eindeutig gebraucht und kann auch bedeuten, dass es sich um eine Form des Reisens in naturnahe oder geschützte Gebiete handelt. Manche sprechen sogar von einer Expedition in die Natur.

### Geocaching

[… kɛʃɪŋ] Geocaching, von Altgriechisch „geo" Erde und Englisch „cache" Lager, ist eine elektronische Schnitzeljagd. Die geografischen Daten der „Caches" werden im Internet veröffentlicht und können mithilfe eines GPS-Empfängers gesucht werden. Mit der Nutzbarmachung der GPS-Signale für den privaten Gebrauch im Jahr 2000 fiel auch der Startschuss für die moderne Schnitzeljagd.

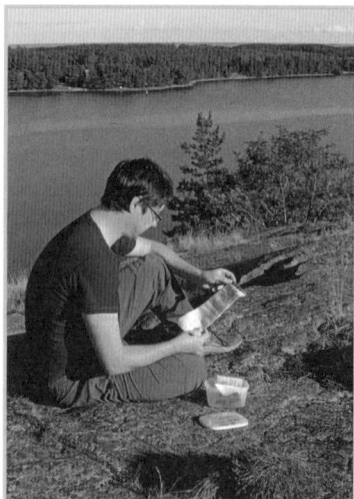

Der **Cache** kann an entlegenen Orten versteckt sein. Wichtig ist, dass er vor Uneingeweihten verborgen bleibt.

### Frühbucherrabatt

Der Frühbucherrabatt ist ein Angebot von Reise- und Veranstaltungsanbietern, die ihren Kunden Rabatt auf den regulären Preis geben, wenn diese wiederum bereit sind, zu einem frühen Zeitpunkt zu buchen.
Für Reiseveranstalter ist das frühe Buchen von Vorteil, weil sie so die Kapazitäten an Flugplätzen und Hotelzimmern besser kalkulieren können.

### Cocooning

[kə'ku:nɪŋ] Cocooning entstammt der englischen Sprache und bezeichnet eigentlich die Verpuppung von Insekten, die sich in einen Kokon einspinnen.
Bereits 1980 wurde der Begriff von Trendforschern für den Vorgang ausgewählt, dass sich immer mehr Menschen aus der Öffentlichkeit und der Zivilgesellschaft in das häusliche Umfeld zurückziehen. Dieser Trend wird vor allem in Zeiten von wirtschaftlichen Krisen beobachtet oder in solchen, die von Angst vor Terrorismus geprägt sind – wie nach den Anschlägen auf das World Trade Center in New York 2001.
Auch der Umzug aus der Stadt aufs Land kann von dem Wunsch nach Cocooning motiviert sein. Darüber hinaus bietet die Unterhaltungsindustrie eine große Auswahl von Produkten, die das Cocooning unterstützen.

## Billigflieger

Zu Beginn des Jahrhunderts passten sich Fluggesellschaften der Entwicklung an, dass die Welt, vor allem die europäische Welt, enger zusammenwuchs. Zu diesem Zweck boten Flugunternehmen wie Ryan Air ihre Flüge so günstig wie möglich an und wurden eine echte Konkurrenz für die Bahnunternehmen. Für zehn Euro konnte man über das Wochenende von Frankfurt nach London fliegen – musste dabei aber auf einigen Komfort verzichten.

Hinter den Flughäfen verbargen sich meist abgelegene ehemalige Militär- oder Transportflughäfen. Die Flugzeuge waren bis auf den letzten Platz vollgepackt, das Gepäck musste gesondert bezahlt werden – ebenso wie Service und Essen an Bord. Fliegen war kein Luxus der Oberklasse mehr. Am Ende der 2000er-Jahre ging die Tendenz allmählich wieder weg von Billigflugangeboten, weil das eigentliche Flugticket zwar günstig, die damit verbundenen Nebenkosten aber hoch waren. Diese setzen sich beispielsweise aus Steuern und Aufpreisen für Gepäckstücke über zehn Kilogramm zusammen.

## Flashmob

Der Begriff Flashmob bezeichnet einen scheinbar spontanen Menschenauflauf in der Öffentlichkeit. Er setzt sich zusammen aus den englischen Begriffen „flash" für Blitz und „mob" für Pöbel, Volksmenge. Dabei entstehen Flashmobs nicht ausschließlich aufgrund einer negativen Motivation, sondern können durchaus positiven Charakter haben. Beispielsweise wurde es unter vielen Orchestern populär, als Flashmob an öffentlichen Plätzen und Bahnhöfen aufzutreten und spontan ein kleines Konzert zu geben. Da sich die Personen meistens über soziale Netzwerke oder andere digitale Kommunikationswege zu den Treffen verabreden, etablierten sich Flashmobs gleichzeitig mit der Entwicklung dieser Medien in den „Nullerjahren".

## Shitstorm

Der Begriff entstammt dem Englischen und bezeichnet einen Sturm der Entrüstung, der mit beleidigenden Äußerungen einhergehen kann. Er entstammt den sozialen Netzwerken, wo sich durch den Zorn eines Einzelnen ganze Lawinen des Ärgers lösen können. Teilweise hinter der Anonymität dieser Netzwerke versteckt, teilen Nutzer ihre Empörung mittels Blogeinträgen, Twitter, Facebook und anderen Statusmeldungen mit.

### Nullerjahre

Der Ausdruck die „Nullerjahre" kam verstärkt im Zuge der Jahrzehntrückblicke seit 2009 auf. Alternativ gibt es im Sprachgebrauch auch den Ausdruck die „Zweitausenderjahre".

Mit diesen Dekadenbezeichnungen versucht man, historische Abschnitte zu schaffen und diese einzuordnen. Während Wörter wie die „Sechzigerjahre" oder die „Neunzigerjahre" leicht von der Zunge gehen, gibt es für die ersten Jahre keine treffende, allgemeingültige Beschreibung. Übrigens: Dieselbe Problematik existierte bereits vor 100 Jahren. Man schreibt zwar die „1900er-Jahre". Allerdings gibt es kein gesprochenes Äquivalent.

### Mietnomade

Das Privatfernsehen scheint diesen Typus Mieter berühmt gemacht zu haben: den Mietnomaden. Er mietet sich in eine Wohnung ein, zahlt keine Miete, reagiert nicht auf den Vermieter und verschwindet irgendwann in eine andere Wohnung – ohne die Mietschulden beglichen zu haben. Häufig hinterlassen sie ein Chaos in der Wohnung, sodass der eigentliche Vermieter gezwungen ist, die Wohnung renovieren zu lassen. Mietnomaden handeln aus den unterschiedlichsten Gründen. Die Spanne reicht von Schmarotzern bis hin zu tatsächlich zahlungsunfähigen Mietern.

### Blutdiamant

Der Ausdruck Blutdiamant beschreibt einen Diamanten, aus dessen Erlös ein gewalttätiger Konflikt finanziert wurde. In Konfliktgebieten werden deshalb verstärkt Diamanten geschürt, um mit deren Verkauf die eigene Seite zu stärken. Mit den Geldern werden anschließend Rebellen finanziert oder Söldner gekauft. Alternativ spricht man auch von Konfliktdiamanten.

### Zuckerfest

Das Zuckerfest, auch Ramadanfest oder auf türkisch „Şeker Bayramı" genannt, bildet das Ende des islamischen Fastenmonats Ramadan.

Dieses Ende des Ramadan wir in den ersten zwei bis vier Tagen des Folgemonats gefeiert. Je nach Land unterscheidet sich die Art und Dauer des Zuckerfestes. Das Fastenbrechen des Zuckerfestes und das Opferfest ist für alle Menschen des Islams verbindlich, und gelten als die eigentlichen hohen Feste der Religion.

Zum Kalender: Der Islam orientiert sich am Mondkalender, während die Christen durch den Gregorianischen Kalender den Sonnenkalender für ihre Zeitrechnung zugrunde stellen. Dadurch besitzt das islamische Jahr 11 Tage weniger, in Schaltjahren sogar 12, als der in Deutschland gültige Kalender. Daher wandert der Ramadan jährlich um 11 beziehungsweise 12 Tage.

### After-Work-Party

Da in England die Pubs mit wenigen Ausnahmen um 23 Uhr schließen, hat sich dort die Sitte eingebürgert, gleich nach der Arbeit („after work") in einen Pub zu gehen, um dort bei einem oder mehreren Getränken den Tag ausklingen zu lassen. Aus diesem Umgang heraus entstand die Idee, nach der Arbeit nicht nur in den Pub zu gehen, sondern auch gleich eine Party für Berufstätige zu veranstalten, die früh beginnt und früh endet, also sehr arbeitnehmerfreundlich ist. Diese Welle schwappte auch Anfang des Jahrzehnts nach Deutschland über. Kneipen und Klubs warben mit After-Work-Partys, um die Feierwilligen gleich nach der Arbeit in ihre Läden zu ziehen. Dabei ging bisweilen die Grundidee verloren. Die Partys wurden zu später Stunde und am Wochenende angesetzt und die arbeitnehmerfreundliche Ausrichtung wurde zunehmend irrelevant.

### Migrationshintergrund

Der Begriff Migrationshintergrund entstammt der deutschen Amtssprache, die damit Menschen bezeichnet, die entweder seit 1949 eingewandert oder die deren Nachfahren sind. Mit der Beschreibung „Deutscher mit Migrationshintergrund" wird vor allem das Wort Ausländer umgangen, das auch nicht zutrifft, weil es sich bei der Person oft um einen deutschen Staatsbürger handelt.

### Kundenkarte

Zunächst scheint der Ausdruck Kundenkarte nicht neu und auch nicht dem letzten Jahrzehnt zu entstammen. Dieser Eindruck entsteht wahrscheinlich deshalb, weil sich der Begriff aus zwei deutschen Wörtern zusammensetzt und nicht etwa ein Anglizismus ist. Die Ideen hinter der Kundenkarte, also die Marketingstrategie, entstammen allerdings unserer nahen Vergangenheit.

Denn: Kundenkarten tragen eine Menge Daten, die sich auf die Käufer des eigenen Produkts beziehen. Damit fällt es Unternehmen leichter, ihre Kunden auszurechnen und ihre Produkte entsprechend zu ändern. Darüber hinaus ist die Kundenkarte ein wertvolles Instrument zur Kundenbindung, da man zumeist bei häufigem Gebrauch Vergünstigungen erhält.

# Medizin

Die Entwicklung unterschiedlicher Technologien in den 2000er-Jahren und davor eröffneten der Medizin und betroffenen Patienten neue Perspektiven. So führten beispielsweise die Resultate der Genforschung zu neuen Therapien und Medikamenten.

## Fluoreszenzgen

Das Fluoreszenzgen, auch „grün fluoreszierendes Protein" (GFP), ist ein Protein, das bei Anregung mit blauem oder ultraviolettem Licht grün fluoresziert. Seine Bedeutung für die Naturwissenschaften liegt darin, dass das GFP mit anderen Proteinen genspezifisch fusionieren kann. Dadurch wird es ermöglicht, andere Proteine in lebenden Zellen direkt zu beobachten. Für die Entdeckung des Fluoreszenzgens wurde 2008 der Nobelpreis für Chemie an Osamu Shimomura, Martin Chalfie und Roger Tsien vergeben.

## Neuroprothese

Unter dem Begriff Neuroprothese versteht man die Schnittstelle zwischen dem Nervensystem eines Lebewesens und einem angebundenen elektronischen Bauteil. Diese Verbindung kann eingeschränkt pathologische oder verloren gegangene Funktionen des Nervensystems korrigieren bzw. verbessern. So sollen Neuroprothesen ausgefallene Nervenfunktionen ganz oder teilweise wiederherstellen.

## Cochleaimplantat

Das Cochleaimplantat (CI) ist eine Prothese für Gehörlose, deren Hörnerv noch funktioniert. Es besteht aus einem Mikrofon, einem Sprachprozessor, einer Sendespule und dem eigentlichen Implantat. Es wird hinter dem Ohr eingesetzt und mit der Hörschnecke verbunden.

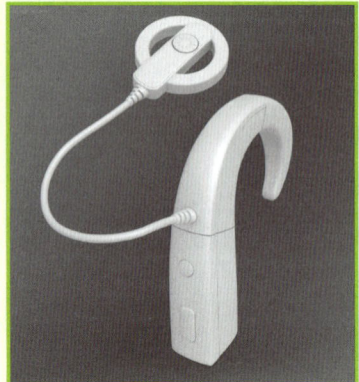

Die **Innenohrprothese** wandelt Schallwellen in elektrische Impulse um und leitet diese an den Hörnerv weiter.

## Hippotherapie

Die Hippotherapie ist eine Form der Krankengymnastik. Dabei sitzt der Patient auf dem Rücken eines Pferdes. Das Tier wird hierbei als Mittler verwendet, der die dreidimensionalen Schwingungen auf das Becken des Menschen überträgt.

Diese Impulse ermöglichen es dem Patienten während der Therapie, Haltung und Gleichgewicht zu verbessern. Zum Einsatz kommt die Hippotherapie bei halbseitig gelähmten Menschen, bei Patienten mit Gliedmaßenschäden und Verkrümmung des Stützapparates. So kann die gesamte Haltung des Oberkörpers geschult und Erkrankungen des Nervensystems behandelt werden.

## Hirnschrittmacher

Der Begriff Hirnschrittmacher ist zwar weitverbreitet, jedoch irreführend. Medizinisch spricht man von einer „tiefen Hirnstimulation". Hierbei werden dem Patienten eine oder zwei Elektroden implantiert, die über ein Kabel mit einem Impulsgeber verbunden sind.

Am häufigsten wird der Hirnschrittmacher bei Patienten eingesetzt, die unter der Parkinsonkrankheit leiden. Weltweit gab es im Jahr 2012 rund 75 000 Patienten mit Hirnschrittmacher.

## Humangenomprojekt

Das Deutsche Humangenomprojekt war ein vom Bundesministerium für Bildung, Wissenschaft, Forschung und Technologie gefördertes Forschungsprojekt, das mit den Zielen gegründet wurde, das Genom des Menschen vollständig zu entschlüsseln sowie die Struktur, Funktion und Regulation der Gene aufzuklären.

Darüber hinaus sollten neue Ansätze für industrielle Innovationen entwickelt und Projekte unterstützt werden, die sich mit der Erfoschung der ethischen, rechtlichen und sozialen Aspekte der Humangenomforschung befassen.

Seit April 2003 gilt das menschliche Genom offiziell als vollständig entschlüsselt. Jedoch ist die Bedeutung vieler Gene weiterhin unbekannt. Es ist die Aufgabe verschiedener Folgeprojekte, diese zu erforschen. Langfristig erhofft sich die Wissenschaft, Erkenntnisse über Erbkrankheiten zu erhalten, bei denen in der Regel mehrere Gene beteiligt sind. Im Detail soll das Zusammenspiel von Genen erforscht werden, um so entsprechende Medikamente entwickeln zu können.

## Inselbegabung

Die Inselbegabung, auch Savant-syndrom genannt, beschreibt das Phänomen, dass Menschen mit einer kognitiven Behinderung oder einer anderweitigen Entwicklungsstörung außergewöhnliche Leistungen in einem kleinen Teilbereich vollbringen können, in sogenannten Inseln.

Es gibt eine Unterteilung in erstaunliche und talentierte Savants. In die erste Kategorie fallen die wirklich herausragende Fähigkeiten habenden Personen. Die talentierten Savants weisen hingegen lediglich durchschnittliche Leistungen in ihrer Inselbegabung auf, die verglichen mit ihrer Behinderung bemerkenswert sind.

## Gamma-Knife

Das Gamma-Knife ist ein hochpräzises Strahlentherapiegerät zur radiochirurgischen Behandlung verschiedener Krankheitsbilder im Bereich des Schädels. Dazu zählen Tumore und krankhafte Veränderungen an Blutgefäßen und Nerven. Während der Behandlung muss der Patient eine Art Helm tragen, der einen wesentlichen Teil des Gamma-Knifes bildet. Hieraus können die nadelförmigen Strahlen mit hoher Genauigkeit auf den zu behandelnden Punkt gerichtet werden.

## Stent

Ein Stent ist eine Gefäßstütze, die als medizinisches Implantat in Hohlorgane eingebracht wird, um diese offen zu halten. Von der Bauart gleicht es einem kleinen Röhrchen oder Gittergerüst aus Metall oder Kunststoff. Eingesetzt werden sie in Blutgefäße, Atemwege, Gallenwege oder in die Speiseröhre.

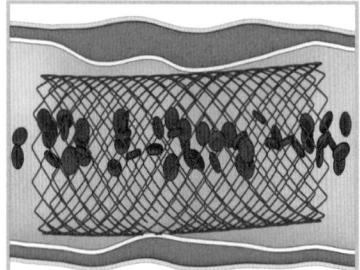

**Das Implantat aus Metall- oder Kunstfasern** wird in verengten oder verschlossenen Gefäßen platziert.

## Tamiflu

Tamiflu ist ein Medikament, das Grippe lindern und die Ansteckungsgefahr senken soll.

Tamiflu ist dabei jedoch nur der Produktname der Firma Roche. Das Arzneimittel heißt eigentlich Oseltamivir und gehört der Gruppe der Neuraminidasehemmer an. Es wirkt virostatisch, das heißt, es hindert Viren an der Vermehrung im Körper. Dennoch kann es sie nicht eliminieren oder inaktivieren.

Die Wirksamkeit von Oseltamivir ist jedoch umstritten. Studien zufolge soll die Einnahme die Fortdauer der Grippesyndrome lediglich um 21 Stunden verkürzen, sie habe darüber hinaus jedoch keinen Einfluss auf die Ansteckungsgefahr.

## Xenotransplantation

Bei einer Xenotransplantation – von altgriechisch „xenos" der Fremde – handelt es sich um die Übertragung von lebenstüchtigen Zellen, Zellverbänden, Organen oder Körperteilen zwischen verschiedenen Spezies. Zu unterscheiden ist die Allotransplantation, die die Übertragung zwischen genetisch verschiedenen Individuen derselben Spezies beschreibt. Im Hinblick auf ethische Fragestellungen steht die Xenotransplantation stark in der Kritik.

## Gendatenbank

Eine Gendatenbank ist eine Datenbank, in der genetische Informationen von Organismen, wie z. B. der genetische Fingerabdruck einer Person, gespeichert werden. Solche Datenbanken werden unter anderem in der Medizin, in der Strafverfolgung und in der Biologie eingesetzt.

Durch den Einsatz in der Medizin soll im Vorfeld einer Organtransplantation deren Verträglichkeit überprüft werden. In der Strafverfolgung sollen Verdächtige aufgrund der am Tatort gefundenen DNA überführt werden.

## Positivliste

Eine Positivliste, manchmal auch weiße Liste genannt, ist das Gegenteil einer schwarzen Liste. Generell soll sie Produkte umfassen, die empfehlenswert sind.

Im Themenbereich Gesundheit umschreibt die Positivliste eine Reihe von zugelassenen Arzneimitteln, deren Kosten von den gesetzlichen Krankenkassen übernommen werden. Sie klärt über die Inhalte der Produkte auf und soll Vertrauen beim Kunden schaffen. Zudem sollen dadurch auch die Versorgung der Patienten verbessert und die Kosten für die gesetzlichen Krankenkasse reduziert werden.

# Mode

Es ist klar, dass sich die Mode immer wieder neu erfinden muss. Dabei kann man auf die Vergangenheit zurückgreifen oder Tabus brechen, um neue Trends zu setzen. Bisweilen bilden sich dann aus den Modetrends heraus auch neue Begrifflichkeiten.

## Treggins

Treggins von englisch „trousers" und „leggings" sind hauteng anliegende Hosen aus elastischem, oft glänzendem Material.

Der obere Teil der Treggins kann mit Taschen, Knöpfen und einem Reißverschluss versehen sein, teilweise sind diese aber auch nur angedeutet. Im unteren Teil der Hose sind die Treggings eng wie eine Leggins.

## Jeggins

['dʃɛ…] Kaum hat die Modeindustrie die Treggings vermarktet, gibt es eine neue Entwicklung. Dieser neueste Modetrend im Bereich der Hosen heißt Jeggings.

Das sind Damenhosen, eine Mischung aus Jeans und Leggins. Die Jeggins vereint dabei die Eigenschaften aus beiden Materialien. Sie ist eng anliegend, betont die Figur und sieht aus, als wäre sie eine Jeans.

## Tankini

Ein Tankini hat im Gegensatz zu einem Bikini immer ein Oberteil, das noch einen Teil des Bauches oder den ganzen Bauch verdeckt.

Die Tankinihose ist der Bikinihose gleich. Auch der Name des Tankinis ist schnell erklärt: Da der Tankini wie ein Tanktop die Hälfte oder einen Teil des Bauches verdeckt, wurde er danach benannt. „Tank" kommt also von Tanktop und „ini" von Bikini.

## Burkini

Der Burkini ist ein zweiteiliger Badeanzug für muslimische Frauen. Er hat eine integrierte Kopfbedeckung und erfüllt die Anforderungen der Hidschab, der Körperbedeckung für Frauen im Islam.

Der Begriff setzt sich aus den Wörtern Burka und Bikini zusammen und ist somit ein Kofferwort.

Erfunden hat ihn die libanesisch-australische Designerin Aheda Zanetti im Jahr 2003.

## Crocs™

Crocs sind bunte Kunststoffschuhe, die von der gleichnamigen, 2002 gegründeten US-amerikanischen Firma hergestellt und vertrieben werden. Unter der Marke Crocs vermarktet das US-Unternehmen zwar auch Ballerinas, Winterstiefel, Sneaker und andere Schuhmodelle, doch populär wurde es durch jenes, das den Clogs ähnelt – die ihre Hochphase übrigens in den 1970er- und 1980er-Jahren hatten. Das Hauptmodell gibt es in 26 Farben und ist nach Angaben des Herstellers weich, bequem und leicht zu tragen.

Aufgrund des leichten Kunststoffes können **Crocs** auch bequem im Wasser getragen werden.

## Clutch

[klatʃ] Clutch, oder auch Clutchbag, ist ein ursprünglich englischer Begriff, der seit der Jahrtausendwende auch im deutschen Sprachraum gebräuchlich ist. Er bezeichnet eine kleine Damenhandtasche, die keinen Henkel besitzt.

Eventuell hat sie eine unauffällig angebrachte Handschlaufe, ansonsten muss sie in der Hand getragen oder unter den Arm geklemmt werden. Doch die Clutch ist im Grunde kein neues Modephänomen: Sie war bereits in den 1920er- und 1930er-Jahren beliebt und hieß damals „Unterarmtasche".

## Wedges

[ˈvedʒɪs] Der Ausdruck Wedges beschreibt hochhackige Schuhe mit einem keilförmigen Absatz. Im Vergleich zu High Heels und anderen Schuhen mit hohen Absätzen läuft es sich in den Wedges leichter – gerade auf Kopfsteinpflaster.

# Politik

Ohne Zweifel beherrschten die Anschläge vom 11. September 2001 und deren Folgen die internationale Politik. Innenpolitisch hatte vor allem das Zustandekommen der zweiten Großen Koalition zur Folge, dass sich verstärkt kleinere Parteien als Opposition zur Regierung bildeten.

## Integrationsgipfel

Als Integrationsgipfel werden Konferenzen mit Vertretern aus Politik, Medien, Gewerkschaften, Migrantenverbänden, Arbeitgeberverbänden und Sportverbänden im Berliner Kanzleramt bezeichnet. Sie haben zum Ziel, Probleme und Herausforderungen, die Zuwanderung in die Bundesrepublik Deutschland betreffend, zu diskutieren, um letztlich Zuwanderer besser integrieren zu können.

## Piratenpartei

Die erste Piratenpartei wurde 2006 in Schweden gegründet. Heute gibt es in den meisten europäischen Ländern „Piraten".

In der Zeit der Großen Koalition wurden in Deutschland viele kleinere oppositionelle Parteien gestärkt. Auch die deutsche Piratenpartei gewann so an Popularität. Ihr Programm ist intern wie extern umstritten. Allgemein treten sie jedoch für eine direktere Demokratie und den Schutz der Bürgerrechte ein. In die Kritik gerieten die Piraten vor allem aufgrund ihrer Haltung zum Urheberrecht.

## Antiterrorkrieg

Seit George W. Bush (US-Präsident von 2001 bis 2009) nach den Anschlägen auf das World Trade Center ausrief, dass sich die USA und ihre Verbündeten im Krieg befänden, wird dieser Konflikt als Krieg gegen den Terror oder Antiterrorkrieg bezeichnet. Dabei handelt es sich um eine Art kalten Krieges. Denn: Der Antiterrorkrieg findet nicht etwa zwischen zwei Staaten statt und kann demnach auch nicht, wie es das Völkerrecht vorschreibt, erklärt werden. Dennoch richteten die USA und ihre Verbündeten in diesem Krieg all ihre staatlichen Bemühungen bisher so aus, als seien sie im Kriegszustand. Mit Ausnahme des Irakkrieges und des Krieges in Afghanistan wird der Krieg kalt geführt. Es gibt also keinen direkten kriegerischen Zustand mit einem anderen Land – Mittel des Krieges wie Spionage und Sabotage werden aber gegen die Terroristen eingesetzt.

## Arabischer Frühling

Die Begrifflichkeit ist angelehnt an historische Prozesse wie den „Prager Frühling" oder die „Tauwetter-Periode" des Kalten Krieges. Der Ausdruck suggeriert einen Aufbruch in eine politisch bessere Zeit und die Loslösung von Monarchie und Diktatur. Bewusst wird dabei auf das Wort „Revolution" verzichtet, da sich im Westen die Hoffnung hegte, dass mit friedlichen Demonstrationen die Despoten der arabischen Welt verdrängt werden könnten. Ausgelöst wurde der Arabische Frühling mit der Revolution in Tunesien im Dezember 2010. Schnell griff dieser Umsturz auf viele andere Länder des Islams über. In einigen Staaten überlebten die Diktatoren allerdings den Arabischen Frühling und konnten sich teilweise trotz blutiger Bürgerkriege an der Macht halten.

## Körperscanner

Der Körperscanner, umgangssprachlich auch Nacktscanner genannt, ist ein Gerät, mit dem der Körper einer Person sowie deren Gegenstände unter der Kleidung abgebildet werden können. Er wird vermehrt an internationalen Flughäfen eingesetzt, um Waffen und Sprengstoff an Personen zu erkennen.

Die meisten Körperscanner basieren auf der Röntgentechnologie. Alternativ wird auch eine elektromagnetische Strahlung eingesetzt.

## Kyoto-Protokoll

Das Kyoto-Protokoll wurde am 11. Dezember 1997 als Zusatzprotokoll zur Ausgestaltung der Klimarahmenkonvention der Vereinten Nationen geschlossen. Das Abkommen trat 2005 in Kraft und hat den Klimaschutz zum Ziel. Unterschrieben wurde es in Kyoto, wodurch es auch seinen Namen erhielt. Es legt erstmals völkerrechtlich verbindliche Zielwerte für den Ausstoß von Treibhausgasen in Industrieländern fest, was die hauptsächliche Ursache für die globale Erwärmung ist. Stand September 2011 haben 191 Staaten das Protokoll unterzeichnet und anerkannt. Die Vereinigten Staaten von Amerika sind die einzigen Unterzeichner, die das Protokoll nicht legitimiert haben. Weitere Staaten, die das Kyoto-Protokoll nicht ratifiziert haben, sind Afghanistan, Andorra und Südsudan. Kanada hat im Dezember 2011 seinen Ausstieg aus dem Protokoll bekannt gegeben.

## Islamkonferenz

Die deutsche Islamkonferenz ist eine Reihe von Treffen, die den langfristigen Dialog zwischen dem deutschen Staat und den in Deutschland lebenden Muslimen verbessern soll.

Sie wurde 2006 erstmals durch den damaligen Bundesinnenminister Wolfgang Schäuble (CDU) initiiert.

## Ground Zero

['graʊnd 'zɪərəʊ] Der Ausdruck Ground Zero bezeichnet in der Militärsprache die Explosionsstelle einer Bombe. Seit den Terroranschlägen vom 11. September 2001 in New York hat der Begriff eine Bedeutungserweiterung erlebt: Er steht nun synonym für das Areal des zerstörten World Trade Centers.

Zehn Jahre lang war die „**Große Kugelkaryatide**" auf dem Ground Zero ein Denkmal für die Opfer des 11. September.

## Al-Qaida

Bis zu den Terroranschlägen vom 11. September 2001 kannten eher wenige das Terrornetzwerk al-Qaida. Seit diesem Epochenjahr jedoch ist der Name jedermann ein Begriff. Es handelt sich dabei nicht um eine einzige Terrorzelle, sondern um einen mehr oder weniger losen Verbund einzelner Zellen und Abteilungen meist sunnitisch-dschihadistischer Gesinnung. Es ist somit ein Terrornetzwerk, an dessen Spitze bis zu seiner Ermordung Osama bin Laden stand. Es hat sich zum Ziel gesetzt, den Westen unter der Federführung der USA aus der arabischen Welt zu vertreiben und politisch wie moralisch zu schwächen. Darüber hinaus gibt es auch selbstständig, lediglich im Namen al-Qaidas handelnde Terroristen, die nicht mit dem Netzwerk verbunden sind, es aber ideologisch unterstützen.

Der Ausdruck al-Qaida bedeutet eigentlich Fundament und wird im Sinn von „Organisation der Dschihadbasis" verwendet.

## Wahl-O-Mat

Der Wahl-O-Mat ist eine seit 2002 von der Bundeszentrale für politische Bildung betriebene Webpräsenz. Auf dieser Website gibt es einen Wahlautomaten, mit dessen Hilfe man die eigenen politischen Vorstellungen mit den Programmen der einzelnen Parteien abgleichen kann.

Der Wahl-O-Mat soll bei Europa-, Bundestags- und Landtagswahlen als Entscheidungshilfe dienen. Seine Popularität nahm in den letzten Jahren zu. Bei der Bundestagswahl 2005 nutzten ihn 5,1 Millionen Bürger, 2009 waren es ganze 21,5 Millionen.

## EUFOR

Das Akronym EUFOR steht für European Union Force und bezeichnet zeitlich befristete multinationale Militärverbände der Europäischen Union. Sie werden gewöhnlich im Rahmen einer gemeinsamen europäischen Sicherheits- und Verteidigungspolitik eingesetzt.

Die politische Führung einer EUFOR erfolgt durch das „Politische und Sicherheitspolitische Komitee (PSK)" der Europäischen Union. Militärisch obliegt der Oberbefehl einem Operation Commander, der für die jeweilige Mission aus einer der am Einsatz beteiligten Nationen ernannt wird, da die EU selbst keine entsprechende Kommandostruktur besitzt.

## EU-Grundlagenvertrag

Der Vertrag von Lissabon, der am 13. Dezember 2007 unter der EU-Ratspräsidentschaft in Lissabon unterzeichnet und im Dezember 2009 in Kraft getreten ist, wird gemeinhin als EU-Grundlagenvertrag bezeichnet. Der vollständige Titel des Vertrags lautet „Vertrag von Lissabon zur Änderung des Vertrags über die Europäische Union und des Vertrags zur Gründung der Europäischen Gemeinschaft". Irland lehnte den Vertrag im Sommer 2008 zunächst ab, sodass sich der ursprüngliche Zeitplan der Ratifikation verzögerte.

Der Vertrag reformierte den Vertrag über die Europäische Union (EU) und den Vertrag zur Gründung der Europäischen Gemeinschaft; er ersetzte diese Verträge jedoch nicht, wie es ursprünglich mit dem EU-Verfassungsvertrag vorgesehen war. Dieser war an den Volksentscheiden in Frankreich und in den Niederlanden gescheitert.

Durch den Vertrag von Lissabon haben Europäische Union und Europäische Gemeinschaft rechtlich fusioniert. Weiter wird durch ihn die internationale Zusammenarbeit in Europa, vor allem die Mitbestimmung der nationalen Parlamente, geregelt.

# Privatleben

Die Arbeitswelt hat nach wie vor großen Einfluss auf das Privatleben. Doch auch andere gesellschaftliche Themen wie Toleranz und Gleichberechtigung hinterließen neben der Digitalisierung ihre Spuren.

## Vätermonat

Als Vätermonate, manchmal auch Partnermonate, gelten zwei Monate während der Elternzeit. Im Zuge der Gleichberechtigung zwischen Mann und Frau wurde es notwendig, eine entsprechende Elternzeit auch auf die männlichen Erziehungsberechtigten zu erweitern, sodass sich die Eltern eines Neugeborenen die Zeit nach der Geburt aufteilen können.

## Babyklappe

Babyklappen werden meist von Krankenhäusern oder karitativen Einrichtungen angeboten. Sie dienen dem Zweck, dass Mütter oder andere Personen ein neugeborenes Baby anonym abgeben können. Damit soll vor allem verhindert werden, dass die Neugeborenen getötet werden. Sobald sie an der Babyklappe abgegeben wurden, ertönt ein Alarm, sodass sich sofort jemand um das Neugeborene kümmern kann.

## Elternzeit

Die Elternzeit soll Müttern und Vätern, die in einem Arbeitsverhältnis stehen, die Möglichkeit bieten, sich ihrem Kind zu widmen und gleichzeitig den Kontakt zum Beruf aufrechtzuerhalten. Wer von den Eltern wann die Elternzeit nutzt, steht den Elternteilen frei. Ein Anspruch darauf besteht ab dem Tag der Geburt bis zur Vollendung des dritten Lebensjahres des Kindes. In manchen Fällen kann ein Anteil der Elternzeit auch bis zur Vollendung des achten Lebensjahres genutzt werden. Während der Elternzeit ist es dem Arbeitgeber in Deutschland grundsätzlich verboten, dem Arbeitnehmer zu kündigen.

## Regenbogenfamilie

Eine Regenbogenfamilie besteht aus einem gleichgeschlechtlichen Elternpaar und deren Kindern, die gemeinsam als eine Familie leben. Der Begriff ist von der Regenbogenflagge entlehnt, die weltweit als Symbol für den selbstbewussten Umgang mit Homosexualität gilt, und befindet sich seit 2009 im Duden.

## Datingbörse

Als eine Datingbörse wird eine Plattform im Internet bezeichnet, die dem Zweck der Partnervermittlung dient. Da sich durch mehrere parallel laufende Entwicklungen die Anzahl der Singles ständig vergrößert, verlegten die herkömmlichen Partnervermittlungen ihre Arbeit ins Internet.

Geschützt durch die dort gewährleistete Anonymität wagen immer mehr Personen, die auf der Suche nach einer Beziehung sind, den Schritt, sich bei einer Datingbörse anzumelden.

## Fernbeziehung

Für zehn Prozent der Deutschen heißt es immer wieder sonntags, Abschied zu nehmen. Sie leben in einer Fernbeziehung, die gemeinhin auch als Wochenendbeziehung bezeichnet wird.

Viele Partner, die sich in einer Fernbeziehung befinden, versuchen trotz großer Distanz täglich Kontakt zu halten. Hierbei helfen vor allem die Kommunikationsmöglichkeiten der digitalen Welt. Ob Chat, E-Mail, Webcam oder auch das klassische Telefon – Smartphones, Tablets oder Computer helfen den Menschen, in einer Fernbeziehung in Kontakt zu bleiben.

## Lebenspartnerschaft

Lange haben homosexuelle Paare um ihre Anerkennung in der Gesellschaft und vor dem Gesetz gekämpft. Während sich die Gesellschaft seit den 1970er-Jahren immer toleranter zeigte, bewegte sich lange Zeit in puncto Recht wenig. Die vielerorts geforderte „Homoehe" schien nach wie vor ein Tabu.

Dies änderte sich im Jahr 2001. In diesem Jahr wurde das Gesetz über die eingetragene Lebensgemeinschaft verabschiedet. Es ermöglicht zwei Menschen des gleichen Geschlechts die Führung einer Lebenspartnerschaft, wobei die sexuelle Orientierung keine Rolle spielt. Der Rechtsrahmen dieser Partnerschaft ist in weiten Teilen denen einer „bürgerlichen" Ehe nachempfunden.

Die Ehe als anerkannte Form der Lebenspartnerschaft von Menschen unterschiedlichen Geschlechts blieb von den gesetzlichen Neuerungen der Lebenspartnerschaft unberührt.

# Sport

Wie jedes Jahrzehnt war auch die erste Dekade des 21. Jahrhunderts sportlich geprägt von großen Sportereignissen wie den Olympischen Winter- und Sommerspielen sowie den Welt- und Europameisterschaften im Fußball.

## Sommermärchen

Angelehnt an Heinrich Heines satirisches Versepos „Deutschland. Ein Wintermärchen" und William Shakespeares Komödie „Ein Wintermärchen" begleitete Regisseur Sönke Wortmann von 2004 bis 2006 die deutsche Fußballnationalmannschaft und produzierte aus seinem Filmmaterial die Dokumentation „Deutschland. Ein Sommermärchen".

Dabei fing Wortmann die als „märchenhaft" bezeichnete Stimmung während der Fußballweltmeisterschaft 2006 ein. Der deutschen Mannschaft wurde gemeinhin kein gutes Turnier zugetraut; da dies der deutschen Elf aber trotzdem gelang, wurde auch der Begriff „Sommermärchen" im Nachhinein synonym für das ganze Turnier übernommen.

In der Folge schaffte es der Begriff auch in den allgemeinen Sprachgebrauch und steht stellvertretend für eine schöne, unerwartete Zeitphase voller Enthusiasmus und Begeisterung.

## Segway®

[ˈsɛkweɪ] Der Segway-Personal-Transporter ist ein elektronisches Fortbewegungsmittel für eine Person, das mit nur zwei Rädern fährt. Um es zu steuern, muss der Fahrer sein Gewicht nach vorn, hinten, rechts oder links verlagern.

**Segways** kommen häufig im innerstädtischen Nahverkehr sowie bei touristischen Ausflügen zum Einsatz.

## Basejumping

Der Begriff Basejumping bezeichnet das Fallschirmspringen von festen Objekten. „Base" steht hierbei für die englischen Wörter „building" (Gebäude), „antenna" (Funkmast), „span" (Brücke) und „earth" (Felsen). Personen, die diese Sportart ausüben, werden auch als Basejumper oder Objektspringer bezeichnet. Eine Sonderform stellt das Springen mit Wingsuits anstelle des Fallschirms dar. Dabei handelt es sich um Flügelanzüge, die zwischen den Beinen und zwischen Armen und Beinen Stoff enthalten.

## Kitesurfen

Das Kitesurfen zählt zu den Trendsportarten. Hierbei steht der Sportler auf einem Board im Wasser, das einem Surfbrett ähnlich ist. Gezogen wird der Sportler von einem Lenkdrachen, dem Kite. Mithilfe des Windes, der in den Lenkdrachen bläst, kann sich der Sportler nun fortbewegen.

Kitesurfen ist dem Windsurfen ähnlich. Im Vergleich ermöglicht es dem Sportler jedoch eine größere Anzahl an Sprüngen und Tricks. Da auch die Ausrüstung günstig zu erhalten ist, hat das Kitesurfen in den Jahren nach der Jahrtausendwende enorm an Beliebtheit gewonnen.

## Public Viewing

[ˈpʌblɪk ˈvjuːɪŋ] Der Ausdruck Public Viewing steht in einem Zusammenhang mit der Fußballweltmeisterschaft 2006 in Deutschland. Das Organisationskomitee hatte veranlasst, dass die Übertragungen der Spiele in vielen Städten auf Großleinwänden gezeigt werden. Um diesen Veranstaltungen einen Namen zu geben, nutzte man das Wort „Public Viewing".

Es handelt sich dabei um ein Lehnwort, das in der deutschen Sprache eine andere Bedeutung hat als im Englischen. Dort bezeichnet der Ausdruck die Aufbahrung eines Verstorbenen oder die öffentliche Präsentation von Gegenständen, für einen Tag der offenen Tür. Interessanterweise erlebt der Ausdruck nun auch im englischen Sprachraum eine Bedeutungsveränderung. Internationale Medien verwenden ihn immer wieder in Zusammenhang mit sportlichen Großereignissen.

## Parkour

[…ˈkuːɐ̯] Auch Parkour ist eine Trendsportart. Hierbei geht es um die direkte, ununterbrochene Überwindung einer Strecke im urbanen Umfeld. Beim Parkour springt man akrobatisch über Hindernisse, klettert an Wänden hoch und nutzt alle Gegenstände, ohne dass diese verändert werden dürfen.

## Nordic Walking

Das Konzept des Nordic Walking beruht auf den wesentlich älteren Sportarten wie beispielsweise Skilanglauf und gehört zu den Übungen der Wintersportler im Sommer.

Es ist ein Ausdauersport, bei dem der Sportler zügig geht und seine Bewegung durch den Einsatz von zwei Stöcken unterstützt.

## Paintball

Paintball ist eine Mannschaftssportart, bei der verschiedene Teams mit Farbgeschossen gegeneinander antreten. Die Sportart hat ihren Namen von der Farbmunition, die auf Englisch „paint" genannt wird, und den Gelatinekugeln, auf Englisch „balls", die mit Farbe gefüllt sind.

Die Sportart breitet sich schnell aus, sodass es in Deutschland eine eigene Liga gibt. International gibt es ganze Turnierserien und in den Vereinigten Staaten, dem Land aus dem Paintball stammt, wird die Sportart auch im Fernsehen übertragen.

Im Übrigen gibt es neben mehreren Teamvarianten auch die Möglichkeit, Paintball in der Variante „Last Man Standing", was so viel heißt wie „Jeder gegen jeden", zu spielen.

## Slackline

['slɛklain] Auch Slacklinen, kurz slacken, ist eine Trendsportart. Sie ist dem Seiltanz ähnlich und wird auf einem Gummigurt betrieben. Das Slacken erfordert ein Zusammenspiel aus Balance, Konzentration und Koordination, daher dient es auch anderen Sportarten, bei denen Körperspannung und Balance wichtig sind, als gute Übung.

**Slackliner** sieht man oft in Parks oder auf Wiesen, denn dort gibt es genug Bäume, um die Lines aufzuspannen.

## Funsport

Die Gesellschaft hat einen weiten Weg von der Leibesertüchtigung im 19. Jahrhundert über den Sport im 20. Jahrhundert bis hin zum Funsport, auch als Trendsport bekannt, in der Gegenwart zurückgelegt. Der Begriff Funsport unterstreicht, dass die reine Leibesertüchtigung dem Vergnügen, sich zu bewegen, gewichen ist. Funsportarten sind noch nicht etabliert, gehören teilweise nur kurzlebigen Trends an und werden daher von manchen nicht ernst genommen. Funsportarten werden überwiegend von Jugendlichen betrieben. Es steht nicht der professionelle Wettkampf, sondern der Spaß im Vordergrund.

## Zumba®

Zumba ist ein Tanz-Fitness-Programm, das aus Kolumbien stammt und von lateinamerikanischen Tänzen beeinflusst ist. Zumba enthält neben den Tanzelementen auch Teile aus der Aerobic. Hinzukommen Einflüsse des Hip-Hop, fernöstlicher Kampfkunst und des Bauchtanzes. Während des Fitnessprogramms wird lateinamerikanische Musik gespielt. Dabei geht es nicht primär um Taktgenauigkeit, sondern allgemein um die Bewegung zur Musik.

## Ultras

Als Ultras bezeichnet man eine besondere Gruppe von Fußballfans. Sie sehen sich selbst als Kern der Fangemeinschaft und sind besonders fanatisch. Mittlerweile gibt es Ultras auch in anderen Sportarten, sodass dieses Phänomen nicht nur auf den Fußball beschränkt bleibt. Seinen Ursprung hat die Bewegung der Ultras im Italien der 1950er-Jahre, als fußballverrückte Jugendliche sich zu Gruppen zusammenschlossen. Namensgeber war eine italienische Zeitung, die eine Gruppe Fans des AC Turin als ultra (italienisch für „extrem") bezeichnete, weil diese einen Schiedsrichter bis zum Flughafen verfolgt hatte.

## Auflaufkind

Als ein Auflaufkind wird ein Kind bezeichnet, das bei einem Sportereignis mit den Sportlern an der Hand mit auf das Spielfeld laufen darf. Im Fußball sind Auflaufkinder normalerweise bei Welt- und Europameisterschaften vertreten. Bisweilen werden auch die Wörter Einlaufkind oder Eskortenkind verwendet.

## Crosstrainer

Ein Crosstrainer ist ein Sportgerät zur Verbesserung der Ausdauer. Es wird zumeist in Fitnessstudios verwendet und seltener zu Hause, da es viel Platz benötigt. Gegenüber einem Fahrrad hat der Crosstrainer den Vorteil, dass nicht nur die Beinmuskulatur, sondern der ganze Körper trainiert wird. Auf dem Crosstrainer läuft man und unterstützt diese Bewegung mit den Armen, die mit zwei Stangen an die Bewegungsfläche der Beine gekoppelt sind.

## Meister der Herzen

Am Ende der Fußballbundesligasaison 2000/2001 bekam der FC Schalke 04 in der Öffentlichkeit den inoffiziellen Titel „Meister der Herzen" verliehen. Schalke hatte am letzten Spieltag den schon sicher geglaubten Meistertitel in der Nachspielzeit verloren, als der FC Bayern München in letzter Sekunde ein Tor gegen den Hamburger Sportverein erzielen konnte.

In der Folge etablierten sich ähnliche Titel für Beinahesieger, die große Sympathien in der Öffentlichkeit hatten. Beispielsweise wurde Joachim Gauck bei Christian Wulffs Wahl zum Bundespräsidenten auch als „Bundespräsident der Herzen" bezeichnet und die DFB-Elf galt bei der Fußballweltmeisterschaft 2006 als „Weltmeister der Herzen".

## Fanmeile

Auch der Begriff Fanmeile steht in engem Zusammenhang mit der Fußballweltmeisterschaft 2006 in Deutschland. Das Organisationskomitee hatte zum Turnier sogenannte Fanmeilen auf öffentlichen Plätzen eingerichtet. Dort wurden die Spiele übertragen und die Fans mit Stimmungsmachern und Getränken versorgt. Hierfür prägte sich auch der Begriff „Public Viewing" ein.

Offiziell hießen diese Fanmeilen FIFA Fan Feste™ und befanden sich in Berlin, Hamburg, Hannover, Nürnberg, München, Frankfurt am Main, Stuttgart, Dortmund, Leipzig, Köln, Gelsenkirchen und Kaiserslautern.

Hiervon war die Fanmeile in Berlin mit über 900 000 Besuchern die größte Fanmeile der Fußballweltmeisterschaft. Da diese Maßnahme gut beim Publikum ankam, wurden auch auf den nachfolgenden Turnieren in Österreich und der Schweiz, in Südafrika und in Polen und der Ukraine Fanmeilen eingerichtet.

Übrigens: Der Begriff Fanmeile wurde im Jahr 2006 zum Wort des Jahres gewählt.

### Spinning®

Anstelle des Ausdrucks Spinning wird
bisweilen auch der Begriff Indoor-
cycling verwendet. Er beschreibt einen
Ausdauersport auf fixierten Fahr-
rädern. In Fitnessstudios werden häufig Spinningkurse angeboten, zu
denen sich die Sportler auf Spinbikes
zum Takt einer eingespielten Musik
bewegen.

### Personal Trainer

Ein Personal Trainer leitet das kör-
perliche und zeitweise auch mentale
Fitnessprogramm eines einzelnen
Klienten. Der Trainer richtet hierbei
das Programm direkt auf die persönlichen Umstände der Person aus,
die er betreut. Dieses maßgeschnei-
derte Training ist sehr kostspielig,
weswegen es sich hauptsächlich reiche
Personen und Berühmtheiten leisten
können. Es unterscheidet sich in
Intensität und Abstimmung jedoch
deutlich von Gruppentrainings, sodass der Einzelne bessere Ergebnisse
erzielen kann.
Bisweilen trainieren Personal Trainer
auch kleinere Gruppen, beispielsweise
eines Unternehmens.

### Kickboard

Ein Kickboard ist eine Mischung aus
einem Skateboard und einem Tret-
roller. Dabei haben Kickboards drei
Rollen. Die Verteilung der Rollen
variiert je nach Modell, ebenso die
Art des Lenkers. Dieser kann wie
auf dem unteren Bild klassisch sein
oder aus einem Knauf bestehen.

Das Lenken von **Kickboards** erfolgt
überwiegend durch Gewichts-
verlagerung und erfordert ein gutes
Balancegefühl.

# Staat

Zwischen Staat und Bürger waren zwei verschiedene Prozesse auszumachen. Einerseits versuchte der Staat mit den neuen digitalen Techniken die Serviceleistungen gegenüber den Bürgern zu erhöhen, andererseits zeigten sich viele Bürger enttäuscht vom Staat.

## Riester-Rente

Der Ausdruck Riester-Rente geht auf den Bundesminister für Arbeit und Soziales, Walter Riester (SPD), zurück. Er schlug die Förderung der freiwilligen Altersvorsorge durch eine zusätzliche, privat finanzierte und staatlich geförderte Rente vor.

Sie wurde durch das Altersvermögensgesetz aus dem Jahr 2002 eingeführt und wird durch das Einkommensteuergesetz geregelt.

Übrigens: Für diese Form der Altersvorsorge hat sich in der Öffentlichkeit das Verb „riestern" eingebürgert.

## ELSTER

Das Wort ELSTER setzt sich aus den Anfangsbuchstaben der Wörter elektronisch, Steuer und Erklärung zusammen. Es ist ein Programm, das es dem Steuerzahler ermöglicht, seine Steuererklärungen und Steueranmeldungen über das Internet zu tätigen.

## Einbürgerungstest

Einbürgerungstests gibt es in vielen Ländern. Bekannt durch mehrere Hollywoodfilme ist vor allem der US-amerikanische Einbürgerungstest.

Seit 2008 gibt es nun auch einen Einbürgerungstest in Deutschland, den ein Staatsbürger eines anderen Landes bestehen muss, bevor er die deutsche Staatsbürgerschaft erhalten kann.

Während des Tests wird der Wissensstand des Kandidaten geprüft. Er muss anhand von 30 Fragen zeigen, dass er die Geschichte des Staates kennt, über die entsprechenden Sprachkenntnisse verfügt und für den deutschen Arbeitsmarkt qualifiziert ist.

Der Einbürgerungstest geriet schnell in die Kritik. Vor allem muslimische Verbände, aber auch Parteien wie die Grünen und die SPD, bemängelten, dass der Test ein zu hohes Niveau habe und für die Einbürgerung teilweise irrelevante Fragen beinhalte.

## Parallelgesellschaft

Der Begriff Parallelgesellschaft entstammt der seit den 1990er-Jahren geführten Debatte um die Integration von Zuwanderern. Er umschreibt eine Gruppe innerhalb der eigenen Gesellschaft, die sich den Regeln, der Moral, den Traditionen und Eigenheiten der Mehrheitsgesellschaft verweigert, sodass beide – die Parallelgesellschaft und die Mehrheitsgesellschaft – nicht miteinander vereinbar sind.

Bundeskanzlerin Angela Merkel stieß die Debatte um die Integration von Zuwanderern im Herbst 2010 erneut an, als sie feststellte, dass „multikulti gescheitert" sei.

## Steuer-Identifikationsnummer

Zum 1. Juli 2007 wurde die neue Steuer-Identifikationsnummer eingeführt. Sie gilt dauerhaft und einheitlich, ganz gleich, bei welchem Finanzamt ein Bürger gemeldet ist.

Mit ihrer Einführung wurde die bisherige Steuernummer beziehungsweise auch die eTin abgelöst. In der Identifikationsnummer werden alle persönlichen Angaben gespeichert wie Name, Anschrift, Geschlecht, Geburtstag, Geburtsort und das zuständige Finanzamt.

## Wutbürger

Mit dem Schlagwort Wutbürger wird eine Gruppe des bürgerlichen Lagers bezeichnet, das sich enttäuscht und empört von der Politik abgewendet hat. Ihre Wut über politische Entscheidungen äußern die eher älteren, wohlhabenden und konservativen Wutbürger in Demonstrationen und Protesten.

## Wörter des Jahres

| | |
|---|---|
| Rettungsroutine | 2012 |
| Stresstest | 2011 |
| Wutbürger | 2010 |
| Abwrackprämie | 2009 |
| Finanzkrise | 2008 |
| Klimakatastrophe | 2007 |
| Fanmeile | 2006 |
| Bundeskanzlerin | 2005 |
| Hartz IV | 2004 |
| Das alte Europa | 2003 |
| Teuro | 2002 |
| Der 11. September | 2001 |
| Schwarzgeldaffäre | 2000 |

# Technik

Die Technik brachte in einem immer schneller werdenden Zyklus Neuerungen hervor, die einerseits von der Unterhaltungsindustrie aufgegriffen wurden, andererseits den Alltag des Einzelnen erleichtern sollten.

## Flachbildschirm

Nachdem TV-Geräte und Computermonitore seit Jahrzehnten aufgrund ihrer inneren Bauweise eine nach außen hin gerichtete Wölbung vorwiesen, brachte die Industrie neue Modelle auf den Markt. Mit der LCD-, LED- und Plasmatechnik ist es nun möglich, flache Bildschirme zu produzieren.

Trotz ihrer teilweise immensen Größe wirken die Flachbildschirme wegen der deutlich geringeren Tiefe nicht so wuchtig wie die alten Geräte und erfreuen sich bei den Verbrauchern großer Beliebtheit.

## Scanner

Das Wort Scanner entstammt der englischen Sprache. Dort bedeutet „to scan" abtasten. Dementsprechend ist ein Scanner ein optisches Abtastgerät zur Datenerfassung. Es gibt verschiedene Arten von Scannern und Geräten, die einen Scanner beinhalten. Am verbreitetsten dürfte wohl der Flachbettscanner sein, der heute meist zusammen mit einem Drucker in einem Gerät zu erwerben ist.

## Bioengineering

[…ɛndʒɪ'nɪərɪŋ] Bioengineering unterscheidet sich zunächst einmal von der Biotechnologie, da es sich dabei nicht um die Umsetzung biologischer Kenntnisse in der Industrie handelt. Vielmehr umfasst der Begriff die Anwendung von Gesetzmäßigkeiten aus den Ingenieurs- und Naturwissenschaften auf Gewebe und Zellen.

**Die Entwicklung von Prothesen gehört zu den vielen Einsatzgebieten des Bioengineering.**

## Lithiumakku

Lithiumakkus, auch Lithium-Ionen-Akkumulatoren genannt, liefern Energie für mobile Endgeräte mit hohem Energiebedarf. Hierzu zählen Tablets, Smartphones, Digitalkameras und Notebooks. Größte Akkus dieser Bauart werden auch im Bereich der Elektromobilität eingesetzt und sollen die Autos der Zukunft mit Energie versorgen.

Die Lithiumakkus haben den Vorteil, dass sie klein, leicht und handlich gebaut sind, sodass sie wenig Platz brauchen und das Gewicht eines mobilen Endgerätes nicht weiter beeinflussen, was mit den älteren Akkus nicht möglich ist.

## Megapixel

Megapixel ist zunächst einmal eine Einheit zur Angabe der Bildauflösung. Das Präfix „Mega" deutet darauf hin, dass es sich um eine Million Pixel handelt. Wobei ein Pixel als ein Bildpunkt definiert ist.

Bislang hat sich für das Megapixel noch keine Abkürzung, wie dies bei anderen Einheiten üblich ist, eingebürgert. Es finden sich neben MP auch Mpx, Mpix oder gar MPixel.

## Brennstoffzelle

Eine Brennstoffzelle verwandelt chemische Reaktionsenergie in elektrische Energie. Während dieses Prozesses muss der Brennstoffzelle sowohl ein Brennstoff als auch ein Oxidationsmittel hinzugefügt werden, um die chemische Reaktion im Fluss zu halten.

Die Erfindung der Brennstoffzelle ist nicht neu, sondern geht ins 19. Jahrhundert zurück. Bereits damals wollte man die Energie, die durch die Zerlegung von Wasser in Sauerstoff und Wasserstoff entsteht, nutzen.

## Nanotechnologie

Die Nanotechnologie ist eine interdisziplinäre Technik aus einzelnen Unterbereichen der Physik, der Chemie, des Maschinenbaus und der Lebensmitteltechnologie. Sie beschäftigt sich mit dem Bereich des einzelnen Atoms beziehungsweise mit Strukturen bis zu 100 Nanometern.

Der Begriff Nanotechnologie entstand, weil eine übergeordnete Bezeichnung für dieses Forschungsfeld im Nanobereich benötigt wurde.

Aus der Nanotechnologie entstehen vor allem Materialien mit bestimmten Oberflächeneigenschaften. Die Veränderungen der Materialien kommen zustande, indem meist mittels chemischer Prozesse Atom für Atom oder Molekül für Molekül ausgetauscht werden.

## Fusionsreaktor

In einem Fusionsreaktor, auch Kernfusionsreaktor genannt, laufen kontrollierte Kernfusionen ab. Anstatt einer Kernspaltung wird hier also eine Kernverschmelung vorgenommen, weil bei dieser mehr Energie freigesetzt wird. Von diesen Fusionsreaktoren erhofft sich die Wissenschaft, dass sie einmal zu einem bedeutenden Energielieferanten werden.

Technisch am einfachsten realisierbar ist die Reaktion von Deuterium (schwerer Wasserstoff) und Tritium (überscherer Wasserstoff). Um eine Verschmelzung herbeizuführen, muss die gegenseitige Abstoßung der Wasserstoffatome überwunden werden. Hierzu werden die Teilchen auf ca. 100 Millionen °C erhitzt. Da in ihnen keine Kernspaltung stattfindet, haben die Fusionsreaktoren mehrere Vorteile: Die Anlage an sich ist sicherer als die eines Atomkraftwerks, der Brennstoffvorrat ist beinahe unerschöpflich und die Strahlung der radioaktiven Brennstoffe verringert sich wesentlich schneller als bei der Kernspaltung.

## Leuchtdiode

Eine Leuchtdiode, auch LED genannt, ist ein elektronisches Bauteil. Wenn es von elektrischem Strom durchflossen wird, beginnt die LED zu leuchten. LEDs werden heute an vielen Geräten eingesetzt. Ihre Verwendung erstreckt sich von kleinen Leuchten an elektronischen Geräten bis hin zu großen LED-Monitoren.

Um die Leuchtkraft zu erhöhen, können mehrere **LEDs** zusammen verbaut werden – wie bei dieser Glühlampe.

## Biochip

Ein Biochip, bisweilen auch Micro-array genannt, ist sehr klein, zumeist nur fingernagelgroß. Er wird als Probenträger genutzt, auf dem eine große Anzahl biologischer und biochemischer Reaktionen ablaufen und ausgewertet werden können.
Als Trägermaterial werden verschiedene Kunststoffe oder auch Glas verwendet.

## Energiesparlampe

Die Energiesparlampe gehört zu den energiesparenden Leuchtmitteln. Sie erfüllt die Anforderungen der EU-Richtlinie in Hinblick auf die umweltgerechten Anforderungen von Haushaltslampen. Die Energiesparlampe zeichnet sich durch höhere Energieeffizienz und geringeren Energieverbrauch aus.
Die Fassungen der Energiesparlampen sind so konzipiert, dass sie problemlos in die Lampenschirme geschraubt werden können, in denen zuvor alte Glühbirnen ihren Platz fanden.
Die Energiesparlampe löst die Glühbirne ab, seit die EU im Dezember 2008 bekannt gab, dass Lampen mit geringer Energieeffizienz stufenweise verboten werden sollen. 2014 will man diese Verbote evaluieren.

## Induktionsherd

Ein Indukstionsherd besitz ein Kochfeld, das mit induktiv erzeugten Wirbelströmen erhitzt wird. Diese Wärme wird in Form eines elektromagnetischen Wechselfeldes auf die Unterseite des Kochgeschirrs übertragen, sodass sich dieses erhitzt.
Die Technik verbirgt sich hinter einer Glaskeramikplatte, die den Herd gewissermaßen abdeckt. Für diese Art von Herden werden spezielle Töpfe mit einem Boden aus ferromagnetischen Materialien empfohlen. Handelsübliche Geräte mit Metallboden übertragen die Wärme jedoch auch.

## Funkchip

Der Ausdruck Funkchip ist die herkömmliche Bezeichnung für den englischen Begriff „radio-frequency identification", kurz RFID. Diese Chips können nur wenige Millimeter groß sein und auch in Menschen wie in Tiere implantiert werden. Mittels hochfrequentierten Radiowellen werden nicht nur Daten übertragen, sondern wird der Chip auch mit Energie versorgt.

# Trinkkultur

Der Jugendalkoholismus in Deutschland stieg im neuen Jahrtausend bedenklich an. Er wurde zunehmend in der Öffentlichkeit sichtbar und einige wenige Extremfälle, als Jugendliche aufgrund einer Alkoholvergiftung starben, wurden in den Medien ausführlich diskutiert.

### Komatrinken

Im Zusammenhang mit dem gesteigerten exzessiven Alkoholkonsum von Jugendlichen wurde der Ausdruck Komatrinken in den „Nullerjahren" populär. Auf der einen Seite bezieht sich der Begriff darauf, dass beim Komatrinken die bewusste Absicht existiert, betrunken zu werden. Aus medizinischer Sicht dehnt sich der Begriff auf ein Trinkgelage mit mehrtägigem Alkoholgenuss aus.

### Flatrateparty

Eine Flatrateparty ist eine öffentliche Feier, die auch als All-you-can-drink-Party bezeichnet wird. Es handelt sich dabei um eine Veranstaltung, bei der es alkoholische Getränke ohne Mengenbegrenzung zu einem Pauschalpreis gibt. Bisweilen bezieht sich die unbegrenzte Menge Alkohol auf ein bestimmtes Getränk oder einen zuvor definierten Zeitrahmen. Der Begriff Flatrate stammt ursprünglich aus der Internet- bzw. Telefonbranche. Hier werden Verträge zu einem monatlichen Festpreis angeboten, deren monatliches Volumen meist unbegrenzt ist.

### Vinothek

Für ein Ladengeschäft, das sich auf den Verkauf von Wein spezialisiert hat, prägte sich in der Mitte der 2000er-Jahre der Begriff Vinothek ein. Dieser hat zwei Bedeutungen. Einmal kann eine Vinothek ein Fachgeschäft bezeichnen, in dem von einem Kenner und Kaufmann Wein verkauft wird. Darüber hinaus bezeichnen sich auch Läden eines einzelnen oder mehrerer Produzenten, eines Ortes oder einer Region als Vinotheken. Hier werden die Weine direkt an die Kunden vertrieben.

### Eiscrusher

Den Eiscrusher gibt es zwar schon seit dem 19. Jahrhundert, doch hielt er erst nach der Jahrtausendwende Einzug in deutsche Bars und Küchen. Er ist ein Gerät, mit dem man Eiswürfel zu „crushed ice" zerkleinern kann. Bei bestimmten Speisen und Cocktails, wie z. B. Mojitos oder Caipirinhas, ist dies von Vorteil, da das zertrümmerte Eis eine größere Oberfläche als herkömmliche Eiswürfel hat und daher schneller kühlt.

## Alcopops

Alcopops sind süß schmeckende alkoholhaltige Getränke, die aus Spirituosen und Limonaden gemischt werden. Aufgrund der Süße schmeckt man den enthaltenen Alkohol allerdings kaum, weshalb die Alcopops gerade bei Jugendlichen großen Anklang finden. Diese Getränke werden auch als „Premixgetränke" bezeichnet, da es sich bei ihnen meist um einen Longdrink handelt, der bereits zuvor gemixt in die Flasche gefüllt wird. Biermischgetränke, die es seit der Neuregelung des Biersteuergesetzes im Jahr 1993 verstärkt auf dem Markt gibt, zählen übrigens nicht dazu, da sie nicht aus einer Spirituose hergestellt werden.

Um dem übermäßigen Genuss von Alcopops durch Jugendliche entgegenzuwirken, wurde 2004 die **Alcopopsteuer** erhoben.

## Chai Latte

Durch Coffeeshops hat sich die Kaffeewelt unter anderem dahingehend geändert, dass unterschiedliche Getränke in Mode kamen. Kaum merklich vollzog sich dieses Phänomen auch in der Welt des Tees. So verbreitet sich beispielsweise auch immer weiter der orientalische Name für Tee, „Chai", in der Gastronomie. Aus Chai und der Beimischung von Milchschaum sowie eventuell Gewürzen entstand das Heißgetränk „Chai Latte", das ebenfalls in vielen Coffeeshops zu erwerben ist.

## Bionade

Um der eigenen Pleite zu entgehen, entwickelte die in Deutschland ansässige Privatbrauerei Peter Mitte der Neunzigerjahre ein neues Getränk und machte so aus der Not eine Tugend: die Bionade. Sie ist ein alkoholfreies Erfrischungsgetränk, das aus Kräutern gebraut wird. Zu Beginn gab es die Bionade in den Geschmacksrichtungen Ingwer-Orange, Holunder, Litschi und Kräuter. Später kam die Geschmacksrichtung „aktiv" dazu. Die Entwicklung dieses Getränks war so erfolgreich, dass die Bionade GmbH 2009 von der Radeberger Gruppe aufgekauft wurde und viele andere Brauereien ebenfalls anfingen, Kräuterlimonaden in unterschiedlichen Geschmacksrichtungen zu entwickeln.

# Umwelt

Nachdem das Themenfeld Umwelt bis zur Jahrtausendwende lediglich ein Randdasein in der politischen Debatte gefristet hatte, sind die Auswirkungen der Umweltverschmutzung auf den Alltag so groß, dass das Thema Umwelt nach dem Jahr 2000 immer wichtiger wurde.

## Gletscherschwund

Jeder, der einmal in Gebirgen wie den Alpen unterwegs war, kennt den Prozess des Gletscherschwundes. Durch die globale Erwärmung schmelzen die Gletscher langsam, aber stetig. Das gespeicherte Wasser gelangt in die Ozeane, wodurch sich der Meeresspiegel hebt. Der Jahrhundertsommer 2003 und geringe Niederschläge seit dem Beginn des neuen Jahrhunderts begünstigten diese Entwicklung. Der Schwund ist mittlerweile so gewaltig, dass nicht mehr von einem vorübergehenden Phänomen zu sprechen ist.

## Jahrhundertsommer

Jahrhundertsommer gab es schon immer. Doch die sogenannte Hitzewelle des Jahres 2003 übertraf alle möglichen Hitzerekorde seit Beginn der Wetteraufzeichnungen. Der Sommer dauerte länger als gewöhnlich, die Temperaturen lagen im Durchschnitt bis zu drei Grad höher als die langfristigen Mittelwerte und die ersten beiden Augustwochen waren besonders heiß. Flüsse wie der Rhein trockneten aus und mussten zeitweise für die Schifffahrt gesperrt werden.

## Dosenpfand

Seit dem 1. Januar 2003 gilt in Deutschland die Pfandpflicht für Einwegverpackungen von Getränken, die auch in Mehrwegflaschen verkauft werden, also z.B. Wasser, Bier oder Alcopops. Allgemein spricht man vom Dosenpfand, auch wenn dieses Pfandsystem neben Dosen auch PET-Flaschen und Einwegglasflaschen umfasst. Ausgenommen von der Pfandpflicht sind Verpackungen für Milch, Wein, Sekt, Spirituosen und kohlensäurefreie Erfrischungsgetränke. Der Einzelhandel war vielerorts nicht auf die Einführung des Pfandsystems vorbereitet, weshalb eine neunmonatige Übergangsfrist eingeführt wurde.

## Emissionshandel

Durch den Emissionshandel sollen die Treibhausgasemissionen reduziert werden. Dafür wird von der Regierung ein nationales Budget an Treibhausgasen festgelegt. Entsprechend diesem Budget werden Gutschriften pro Tonne Treibhausgas in Form von Zertifikaten ausgegeben. Sie berechtigen Kraftwerke und Fabriken zur Emission von Treibhausgasen.

## Windkraftanlage

Eine Windkraftanlage besteht aus einem riesigen Propeller, der mit seinen drei Rotorblättern die Energie des Windes aufnehmen und danach in elektrische Energie umwandeln kann. Danach wird die Energie in das Stromnetz eingespeist. Mit diesem Vorgehen sollen erneuerbare Energien anstatt fossiler Brennstoffe für die Energiegewinnung genutzt und die Ausmaße des Klimawandels gemildert werden.

**Offshorewindparks** stellen eine Möglichkeit dar, den stetigen Wind auf See als Energielieferanten zu nutzen.

## Desertec

Der Grundgedanke von Desertec ist die technische Nutzung von Wüsten. Dabei soll Ökostrom durch Sonnenwärmekraftwerke, Windkraftanlagen oder durch Fotovoltaik in Wüsten erzeugt werden. Hierzu wurde die Desertec Foundation gegründet, die sich weltweit als gemeinnützige Stiftung für diese Vision einsetzt und für die Verwandlung der Wüsten in energiebringende Zonen wirbt. Mithilfe der Dii GmbH (Desertec Industrial Initiative) soll das Vorhaben zunächst in Europa, im Nahen Osten und in Nordafrika umgesetzt werden. Die Initiative will helfen, rechtliche, politische, sozioökonomische und finanzielle Rahmenbedingungen zu schaffen, um zu einer nachhaltigen Zusammenarbeit in diesen Regionen zu kommen.

## Tsunami-Frühwarnsystem

Am 26. Dezember 2006 löste ein Erdbeben im Indischen Ozean eine der bisher schlimmsten Tsunamikatastrophen aus. Über 230 000 Menschen kamen dabei ums Leben. Um solche Katastrophen künftig zu verhindern, wurde das Tsunami-Frühwarnsystem eingeführt. Es misst seismische Wellen, da diese sich schneller als die Tsunamiwellen verbreiten. So können Vorhersagen über mögliche Tsunamis getroffen und die bedrohten Länder gewarnt werden.

### Holzpellets

Als Holzpellets werden kleine walzenförmige Stücke mit einem Durchmesser von unter 25 Millimetern bezeichnet. Sie bestehen entweder vollständig oder zumindest überwiegend aus Holz und werden vor allem als Brennstoff verwendet.

### Aschewolke

Der Ausbruch des isländischen Vulkans Eyjafjallajökull am 14. April 2010 führte in den darauffolgenden Tagen zu einer weitgehenden Einstellung des Flugverkehrs über Nordeuropa und weiten Teilen Mittel- und Osteuropas. Daraufhin entstanden volkswirtschaftliche Schäden in Höhe von mehreren Milliarden Euro. In Zusammenhang mit diesem Ereignis steht der Ausdruck „Aschewolke", da in den Nachrichten von einer solchen berichtet wurde, die sich über Europa ausbreite.

Das Ereignis sorgte für eine historische Besonderheit: Infolge der Aschewolke wurden am 16. April 2010 erstmals in der Geschichte alle zivilen Flughäfen Deutschlands gesperrt.

### Klimawandel

Mit dem politischen Schlagwort Klimawandel wird die allmähliche Veränderung des Klimas auf der Erde bezeichnet. Synonym für das Wort Klimawandel steht auch der Begriff globale Erwärmung, englisch: global warming.

In den vergangenen Jahrzehnten konnte der leichte, aber stete Anstieg der Durchschnittstemperatur auf der Erde gemessen werden. Hierbei ist zu beachten, dass es immer Kälte- und Wärmephasen auf der Erde gab und geben wird. Im Fall der Erderwärmung seit 2000 jedoch spricht man von einem vom „Menschen gemachten Treibhauseffekt", da die Erwärmung ein Resultat der modernen Industriegesellschaft ist.

Die Erwärmung der Durchschnittstemperatur auf der Erde hat eine ganze Reihe an Folgen, wobei hier nur die schwerwiegendsten genannt werden: Durch die Wärme schmelzen die Gletscher, die großen Eis- und Wasserspeicher. Dies wiederum führt zum Anstieg des Meeresspiegels.

## Blitzeis

Gefrierender Regen und die damit verbundene gefrierende Nässe am Boden wird im allgemeinen Sprachgebrauch als Blitzeis bezeichnet. Diese Wortneuschöpfung spielt vor allem auf die Geschwindigkeit an, in der aus Regen Eis wird und somit eine Gefahr für Verkehrsteilnehmer entsteht.

## Elektromobilität

Obwohl es bereits im 19. Jahrhundert elektrisch betriebene Fahrzeuge gab, setzte sich der Elektromotor bis heute nicht endgültig durch.
Da die Autoindustrie zunehmend das Bedürfnis hat, sich von der Verwendung fossiler Brennstoffe zu entfernen, rückte die Elektromobilität nach der Jahrhundertwende wieder in das Interesse der Branche.
Neben Hybridautos sollen vor allem Elektroautos die Zukunft des Marktes sein. Sie werden an Ladesäulen aufgeladen und haben eine immer größere Reichweite. Jedoch ist zu bedenken, dass dadurch der Stromverbrauch deutlich steigen würde. Im Zuge der Energiewende muss dies daher mitbedacht werden.

## Niedrigenergiehaus

Im Zuge der allgemeinen Einsparungen an Energie wurde auch ein Energiestandard für Neubauten und kernsanierte Altbauten geschaffen. Diesen Standard bezeichnet man als Niedrigenergiehaus, weil es so konstruiert ist, dass es wenig Energie verbraucht. Hinzu kommt das Passivhaus, das noch weniger Energie benötigt. Einsparungen erfolgen beispielsweise durch eine besonders gute Dämmung von Wänden und Dach sowie durch Erdwärmetauscher, die die Luft im Winter wärmen und im Sommer kühlen.

Mithilfe von **Sonnenkollektoren** kann auf klassische Heizungssysteme verzichtet werden.

# Unterhaltung

Der Aufstieg des Internets brachte auch eine Verschiebung im Unterhaltungssektor mit sich. Klassische Medien wie das Fernsehen oder das Buch bekamen dies zu spüren und versuchten, mit neuen Formaten ein neues Publikum zu gewinnen.

### Prequel

['pri:kwəl] Der Begriff Prequel setzt sich aus der Vorsilbe „pre" für „vor" und dem englischen Wort für Fortsetzungen, „sequel", zusammen. Der Begriff hielt Einzug in den deutschen Sprachgebrauch, nachdem ab 1999 die Prequel-Trilogie der Star-Wars-Filme in die Kinos kam. Der deutsche Begriff „Vorsetzung" setzte sich allgemein nicht durch.

### Telenovela

Eine Telenovela ist eine besondere Form einer Fernsehserie mit sehr vielen Folgen. Ursprünglich stammt sie aus Lateinamerika, genau genommen aus dem vorrevolutionären Kuba, wo die ersten Telenovelas noch vorgelesene Fortsetzungsromane waren. Später übertrug sich das Format ins Fernsehen. Ab den 1980er-Jahren kamen die Telenovelas auch nach Europa – die erste in Deutschland produzierte Telenovela wurde 2004 ausgestrahlt. Im Unterschied zur Seifenoper hat die Telenovela einen festgelegten Handlungsrahmen und somit ein Ende.

### Castingshow

Verschiedene Formate kamen im deutschen Fernsehen eine Zeit lang gut an. Dann wurden die Zuschauer von den jeweiligen Formaten überschwemmt, bis sich letztlich keiner mehr dafür interessierte. So könnte es auch den Castingshows gehen. Nach der Jahrtausendwende entdeckten immer mehr TV-Sender dieses Format für sich und entwickelten stets weitere Castingshows für Prominente oder Laien.

Es geht immer darum, dass die Teilnehmer etwas Besonderes können – beispielsweise singen, modeln oder komisch sein. Woche für Woche scheidet eine Person aus, bis letztlich der Sieger bzw. die Siegerin übrig bleibt.

### Dokusoap

Die Dokusoap ist eine Form des Reality-TVs. Im Grunde handelt es sich bei diesem Format um eine Art Dokumentarfilm, der auf besondere Weise inszeniert ist. Familien werden bei ihrer Auswanderung mit der Kamera begleitet oder von Experten in schwierigen Situationen beraten.

## DVD

Die DVD (Digital Versatile Disc) ist ein digitales Speichermedium. Rein äußerlich ist sie der CD ähnlich und gilt auch als deren Nachfolger, da sie deutlich mehr Speicherkapazitäten besitzt.

Ihren Sieg im Einzelhandel konnte die DVD als DVD-Video, also als eine Disc mit Filmen, erringen, da sie so viel Speicherkapazität besitzt, dass ganze Filme auf ihr gespeichert werden konnten. Häufig wird im Sprachgebrauch auch der Ausdruck DVD synonym für das Wort Film verwendet: „Schauen wir heute Abend eine DVD?"

## Hörbuch

Streng genommen ist ein Hörbuch nichts anderes als die Aufzeichnung einer Buchlesung durch einen Sprecher. Diese Lesung wird gespeichert und als CD oder als Download vertrieben.

Da viele Texte jedoch nicht zum hören geschrieben sind, werden die Buchmanuskripte für die Hörbuchversion oft gekürzt. Teilweise kommt es auch vor, dass die Texte zum besseren Verständnis mit Musik oder Geräuschen unterlegt werden oder dass Dialoge und wörtliche Reden von mehreren Sprechern, ähnlich einem Hörspiel, gesprochen werden.

## Manga

Zunächst einmal ist der Begriff Manga das japanische Wort für Comic. In unserem Sprachgebrauch bezeichnet der Ausdruck jedoch ein Comic aus Japan in einem der japanischen Popkultur entstammenden typischen Stil. Inhaltlich reicht die Spanne von Fantasyabenteuern bis hin zu anspruchsvollen Texten für Erwachsene – die japanischen Comics erfreuen sich also nicht nur bei Jugendlichen großer Beliebtheit.

**Mit großem Kopf und Kulleraugen ist das Kindchenschema eines der typischen Stilelemente bei Mangas.**

## Podcast

[pɔtkaːst] Ein Podcast ist eine Vielzahl an abonnierten Mediendateien, die über das Internet bezogen werden können. Über einen Newsfeed werden die zum Podcast gehörenden Audiodateien automatisch heruntergeladen. Teile von Radiosendungen werden beispielsweise als Podcast angeboten und können zeitlich unabhängig gehört werden.

Der Name setzt sich aus dem Markenbegriff iPod – stellvertretend für MP3-Player – und dem englischen Begriff „broadcasting" für Rundfunk zusammen und ist erst seit der Mitte der 2000er-Jahre im allgemeinen Sprachgebrauch.

## Teaser

['tiːzɐ] Der Begriff stammt aus der englischen Sprache. Dort bedeutet „to tease" necken, reizen. Analog dazu ist ein Teaser etwas, was überwiegend Konsumenten reizen soll.

In der Sprache der Medien ist ein Teaser eine kurze Bildsequenz, ein kleiner Trailer, ein kleines Bild- oder Textfragment, das dazu anstiften soll, die Vollversion des jeweiligen Produkts sehen, lesen oder hören zu wollen. Ein Teaser soll den Kunden neugierig machen und ihn so zum Kauf des Angebots motivieren.

## Audioguide

Wo früher eine Einzelperson ganze Gruppen durch das Gebäude führten, treten nun die Audioguides vermehrt an die Stelle der Museumsführer – kleine tragbare Geräte mit Kopfhörern. Sie können während eines Museumsbesuchs in mehreren Sprachen ausgeliehen und individuell abgespielt werden. Läuft man beispielsweise langsamer durch eine Ausstellung, als es der Audioguide vorsieht, kann der Besucher einfach auf Pause drücken und den Audioguide wieder starten, wenn er vor dem nächsten Ausstellungsstück steht.

**Audioguides** kommen ursprünglich als Museums- und zunehmend auch als Stadtführer zum Einsatz.

## Featurette

[fiːtʃəˈrɛt(ə)] Von der Wortbedeutung her ist ein Featurette zunächst einmal ein kleines Feature. Im Zusammenhang mit dem Filmgeschäft gilt das Feature wiederum als Hauptfilm an einem Kinoabend. Ein Featurette ist demnach ein kleinerer Film, der allerdings länger als ein Kurzfilm ist und etwa 20 bis 40 Minuten dauert. Häufig werden Featurettes auf dem Bonusmaterial einer DVD eingesetzt, beispielsweise als „Making-of" oder „Blick hinter die Kulissen". Da die DVD mit Beginn des neuen Jahrtausends an Bedeutung gewonnen hat, erhielt auch das Featurette größere Aufmerksamkeit.

## Formatfernsehen

Mit dem Ausdruck Formatfernsehen wird die konsequente Ausrichtung eines Fernsehprogramm mittels eines bestimmten Formats auf eine Zielgruppe bezeichnet.

Ganze Sender betreiben Formatfernsehen, vor allem die kleineren. Anstatt Zuschauer aus der breiten Masse anzusprechen, konzentrieren sie sich lieber auf eine definierte Zielgruppe wie Sportbegeisterte, Krimifans, Kinder oder Frauen.

## Bollywood

Das Wort Bollywood setzt sich aus den Eigennamen Bombay und Hollywood zusammen und bezeichnet gemeinhin die indische Filmindustrie, wie auch Hollywood als Synonym für die amerikanische Filmindustrie steht. Das Zentrum der indischen Filmindustrie sitzt in Mumbai, das ehemals Bombay hieß.

Der Name entstand in Indien selbst, weil bedeutende Filmkritiker die Tendenz sahen, dass immer mehr oberflächliche Filme im Hollywoodstil produziert wurden. Im letzten Jahrzehnt entwickelte sich der Begriff jedoch zu einem Markennamen, der weit über Indien hinaus bekannt wurde.

## Product-Placement

Product-Placement bedeutet auf Deutsch „Produktplatzierung". Es handelt sich um eine Form der erlaubten Werbung in Film, Fernsehen und im Videospielmarkt. Dabei werden gezielt und direkt Produkte in die Handlung eingebaut und zugleich in einer Großeinstellung gezeigt. Besondere Bedeutung hat das Product-Placement im Zusammenhang mit der Auto- sowie der Computerindustrie. Die Hersteller erhoffen sich einen positiven Effekt auf den Verkauf, wenn eines ihrer Produkte in einem Kassenschlager verwendet wird.

## Sudoku

Ein Sudoku ist ein Logikrätsel. Wörtlich übersetzt bedeutet dieses japanische Wort „Isolieren Sie die Zahlen". Das Spiel besteht aus einem Gitter, in dem 3 × 3 Blöcke mit jeweils neun Zahlenfeldern angeordnet sind. Es gibt also insgesamt neun Reihen und neun Spalten.

In jedem Block dürfen die Zahlen eins bis neun lediglich einmal vorkommen. Ebenso dürfen diese Zahlen auch nur einmal pro Reihe und einmal pro Spalte auftreten.

Zu Beginn des Spiels sind nur wenige dieser Zahlen eingetragen. Der Spieler muss nun kalkulieren, welche Ziffer an welcher Stelle stehen darf, damit alle Vorgaben erfüllt sind.

Das Sudoku verbreitete sich um die Jahre 2005/2006 rasant schnell. Es wurde in mehreren Zeitschriften als Rätsel abgedruckt und es gibt mittlerweile eigene Apps und Programme ausschließlich mit Sudokus.

## Biopic

Der Begriff Biopic existiert in der englischen Sprache bereits seit den 1950er-Jahren, schaffte es aber erst nach der Jahrtausendwende in den deutschen Sprachgebrauch. Hiermit wird ein Film beschrieben, der in fiktionalisierter Form das Leben einer geschichtlich relevanten Person darstellt.

## Second Life

Ab 1999 wurde Second Life entwickelt, seit 2003 ist es online. Unter diesem Begriff, der auf deutsch „zweites Leben" heißt, verbirgt sich eine virtuelle Welt, die man über das Internet besuchen kann. Im Second Life kann man sich sein eigenes alternatives Ich erstellen und mit anderen Nutzern in Kontakt treten.

## Dramedy

Die Wortschöpfung Dramedy ist ein Begriff für eine Fernsehserie, die sowohl lustig als auch tragisch ist. Das Wort besteht aus den Begriffen Drama und Comedy. Im Prinzip handelt es sich dabei um die Weiterentwicklung der Sitcom. Ihr werden die allzu kalauerartigen Elemente entnommen und durch Spannung, Emotionen und tragische Ereignisse ersetzt.

Vorsicht: Der Wortschöpfer hat dabei allerdings nicht beachtet, dass der Begriff Drama nicht synonym für Tragödie steht, sondern neben Lyrik und Prosa die literarische Gattung des Schauspiels beschreibt. Richtig müsste es demnach Tramedy heißen.

## After-Show-Party

Wenn Musiker und Künstler auf Tournee sind, geben sie nach dem Konzert gelegentlich für den engeren Freundes- und Bekanntenkreis oder für die Mitarbeiter ihrer Show. Das kleine Konzert wird nicht an der ursprünglichen Konzertstätte gegeben, sondern findet meistens in einem Hotel oder in einem kleinen Klub statt. Dies nennt man After-Show-Party, da sie nach der Show stattfindet und für den Künstler eher Vergnügen als Arbeit bedeutet. In vielen Kreisen ist es sehr begehrt, auf After-Show-Partys eingeladen zu sein, da die Musiker dort unabhängig von einer professionellen Show „authentischer" sind.

## Widescreen

Im Lauf der Entwicklung des Kinos wurden immer breitere Kameras entwickelt, die es möglich machten, Filme in Cinemascope® oder auch Superscope aufzuführen. Vor allem für Monumentalfilme und Western war dies von Bedeutung. Wenn solche Filme dann im Fernsehen liefen, waren sie zumeist mit breiten Balken am oberen und unteren Bildrand versehen.

Um von diesen Balken loszukommen, wurden auch Monitore und TV-Geräte in einem breiteren Format entwickelt, das sich Widescreen nennt. Das gängigste Format hierbei hat das Seitenverhältnis 16:9.

## HDTV

Der Ausdruck HDTV steht für High Definition Television. Populär wird auch der Ausdruck Digitalfernsehen verwendet.

Während sich in den 1980er-Jahren das Kabelfernsehen, das über ein analoges Signal in die Wohnung kam, verbreitete, setzte mit Ende der 1990er-Jahre die Entwicklung des Digitalfernsehens ein. Hierzu war es erforderlich, sich einen eigenen Digitalreceiver zuzulegen. Dieser Receiver verwandelte das Signal aus der Steckdose in ein digitales Signal, sodass es einerseits möglich war, eine wesentlich höhere Anzahl an Programmen zu empfangen, andererseits konnte somit die Qualität verbessert werden. Einige Sender strahlen ihr Signal nun in HD aus, was zu einer deutlich besseren Bildqualität führt. Seit dem Frühsommer 2012 wird in Deutschland kein analoges Signal mehr ausgestrahlt. TV-Geräte müssen daher zwangsweise mit einem HD-Receiver ausgestattet sein.

# Verkehr

Das, was vor 20 Jahren noch wirkte wie Science-Fiction, ist nun Wirklichkeit: Viele Städte leiden unter den Abgasen, die der Straßenverkehr mit sich bringt, oder schlimmer noch, unter einem „Verkehrsinfarkt". Daher gibt es Bestrebungen, die Abgase und den Verkehr zu verringern.

## Lkw-Maut

In vielen europäischen Ländern wird eine Mautgebühr für die Nutzung der Autobahnen verlangt. In Deutschland ist das nicht so. Obwohl Deutschland im Zentrum Europas liegt und die meisten Transporte durch Deutschland hindurch müssen, war die Nutzung der Autobahnen jahrzehntelang umsonst.

Am 1. Januar 2005 führte die damalige Bundesregierung jedoch die Autobahngebühr für Lastkraftwagen ein. Durch diese Lkw-Maut erhoffte sich der Staat zusätzliche Einnahmen für die Steuerkasse.

## Verkehrswende

Das Schlagwort „Verkehrswende" bezieht eindeutig Stellung gegen die vielen Autos auf den Straßen und die damit verbundene Umweltverschmutzung. Unter diesem Schlagwort wird der Ausbau des öffentlichen Personennahverkehrs, der Ausbau der Elektromobilität und eine generelle Schadstoffreduzierung gefordert.

## Transrapid

Der Transrapid ist eine in Deutschland entwickelte Magnetschwebebahn. Seine Entwicklung begann bereits in den 1960er- und 1970er-Jahren. Der einzige Abnehmer des Transrapids war bislang China, wo er seit 2004 in Schanghai fährt. Die deutschen Projekte in München und zwischen Hamburg und Berlin wurden in der Planung abgebrochen.

Da er auf einem **Magnetfeld** schwebt, kann der Transrapid bis zu 500 km/h fahren.

## Hybridauto

Ein Hybridauto ist ein Fahrzeug, das von einem Elektromotor und einem anderen Motor, meist einem Verbrennungsmotor, angetrieben wird. Der Hybridantrieb wird eingesetzt, um die Effizienz des Autos zu erhöhen und den Verbrauch von fossilen Brennstoffen deutlich zu senken. Im Jahr 2012 gab es zwar bereits serienmäßig Hybridautos, jedoch hat sich aus den vielen Formen noch kein Industriestandard herausgebildet. Zudem gibt es einige wenige Autos, die komplett mit elektrischer Energie angetrieben werden.

## Umweltzone

Eine Umweltzone, auch Niedrigemissionsgebiet genannt, umfasst meist ein städtisches, dicht bevölkertes Gebiet. Ziel ist es, die dort herrschenden Luftverhältnisse eindeutig zu verbessern. Daher wurde im Jahr 2007 auch ein Gesetz verabschiedet, nach dem Kraftfahrzeuge zwingend eine Umweltplakette tragen müssen, die die Emissionen des Autos kennzeichnen. Es gibt drei Stufen dieser Plakette: rot, gelb und grün. Stand 2012 ist es in den meisten Umweltzonen verboten, mit Fahrzeugen einzufahren, die mit einer roten Plakette gekennzeichnet sind. Diese Maßnahme steht in starker Kritik – Verbände und Organisationen liefern sich eine heftige Debatte um die Weiterführung der Umweltzonen.

## Navigationssystem

Mit der Vergabe der GPS-Lizenen in Deutschland im Jahr 2000 wurden auch Systeme eingeführt, die dem Nutzer die eigene Orientierung erleichtern. Eines dieser Systeme ist das Navigationssystem, kurz auch Navi, das beispielsweise in Kraftfahrzeugen zum Einsatz kommt.
Es bestimmt die eigene Position mittels GPS-Daten, entwirft eine Route zum Ziel und leitet den Fahrer zu diesem unter Beachtung der Straßenverhältnisse, des Verkehrsaufkommens und der Vorgaben des Fahrers. Wurde die Einführung des Navigationssystems zu Beginn belächelt, ist es mittlerweile zum Standard geworden, dass Autofahrer bei längeren Strecken in ihnen unbekannte Gebiete ein Navi verwenden. Einige Automarken liefern solche Navigationssysteme zudem serienmäßig mit. Mithilfe eines Softwareupdates lassen sich Landkarten anderer Länder bzw. die neueste Version der eigenen Straßenkarten digital auf das Navigationssystem laden, sodass der Fahrer immer auf dem neuesten Stand ist.

# Weltraum

Nach der Mondlandung im Jahr 1969 war man sich sicher, dass es im Jahre 2010 bereits eine Mondstation sowie eine bemannte Mission zum Mars geben würde. Beide Visionen sind nicht eingetreten. Dennoch gibt es eine intensive Weltraumforschung der internationalen Gemeinschaft.

## Hypernova

Eine Hypernova ist eine Supernova mit hoher abgestrahlter elektromagnetischer Energie. Sie steht am obersten Ende der superleuchtkräftigen, superhellen Sterne.
Je nach Masse kann eine Hypernova beim Verbrennen komplett zerrissen werden oder als Schwarzes Loch enden.

## SpaceShipOne

Mit dem SpaceShipOne wurde der Traum vieler Science-Fiction-Fans endlich wahr. Es gilt als das erste private Weltraumschiff der Geschichte und ist in die Kategorie Experimentalflugzeug einzuordnen.
Seinen Jungfernflug tätigte das SpaceShipOne im Jahr 2003. Zu seinen ersten bemannten Weltraumflug trat das Raumschiff 2004 an. Mit einem Trägerflugzeug wurde das SpaceShipOne in die Höhe von 14 000 Kilometern gebracht und ausgeklinkt. Der Erfolg des Projektes zog die Entwicklung des SpaceShipsTwo und SpaceShipsThree nach sich. Beide befanden sich 2012 noch in der Entwicklungsphase.

## Marsrover

Der Marsrover ist ein Fahrzeug, das von der Erde ferngesteuert wird und zur Erkundung des Mars konzipiert und gebaut wurde. Zum Teil haben die Marsrover auch autonome Fähigkeiten, wozu sie keine Fernsteuerung benötigen. Erfolgreiche Missionen mit Marsrovern gab es 2003 und 2012.

Das solarbetriebene **Forschungsfahrzeug** ist mit Messgeräten, Werkzeugen und mehreren Kameras ausgestattet.

## Keplerteleskop

Das Keplerteleskop bezeichnet ein Fernrohr, das einer Bauweise folgt, die im 17. Jahrhundert von dem Astronomen Johannes Kepler vorgeschlagen wurde.

Das Keplerteleskop der NASA wird vor allem dazu eingesetzt, den Sternenhimmel nach neuen Planeten, Sonnensystemen und Sternen zu erforschen. War es in der Vergangenheit nicht möglich, mit einem Teleskop Planeten außerhalb unseres Sonnensystems zu erkennen, liefert das Keplerteleskop nun, nachdem es 2009 von der NASA in die Sonnenumlaufbahn geschickt wurde, mit aller Regelmäßigkeit Neuigkeiten von fernen Planeten.

## Zwergplanet

Seit der Entdeckung des Planeten Pluto im Jahr 1930 galt die allgemeine Annahme, dass unser Sonnensystem aus neun Planeten bestehe. Mittlerweile ist diese Annahme nicht mehr richtig.

Denn: Im Jahr 2006 wurden die Himmelskörper in neue Klassen definiert. Neben Ceres, Haumea, Makemake und Eris fällt nun Pluto in die Klasse der Zwergplaneten und unser Sonnensystem besteht nun wieder nur noch aus acht Planeten, die um die Sonne kreisen.

## Weltraumtourismus

Der Begriff Weltraumtourismus klingt so, als entstamme er einem Science-Fiction-Roman. Das ist jedoch nicht so. Es ist eine Wortschöpfung der Gegenwart und beschreibt Reisen in die suborbitale Bahn oder gar den Erdorbit.

Der Weltraumtourismus begann 2001 mit der Reise von Dennis Tito zur internationalen Weltraumstation ISS (International Space Station). Tito hatte sich seit Jahren bemüht, mithilfe des russischen Weltraumprogramms einmal ins All zu reisen. Als die ISS bereit war, durfte er mit einer russischen Kosmonautenmannschaft schließlich die Station besuchen. Ein Jahr später flog Mark Shuttlewood ebenfalls zur ISS. Beide Besuche wurden von Space Adventures, einem 1998 gegründeten amerikanischen Unternehmen, vermittelt.

Ein nächster Schritt war der Suborbital-Flug des SpaceShipOne im Juni 2004. Dieses Raumschiff war das erste, dass vollständig aus privaten Mitteln hergestellt wurde. Bislang richtet sich der Weltraumtourismus nur an sehr reiche Interessenten. Da sich aber immer mehr Unternehmer als Dienstleister für Weltraumflüge anbieten, besteht die Möglichkeit, dass Reisen in den Weltraum irgendwann auch für eine breitere Öffentlichkeit erschwinglich sein werden.

# Wirtschaft

Die zweite Hälfte des ersten Jahrzehnts war geprägt von Themen aus der Wirtschaft und der Finanzpolitik. Die Finanz- und Bankenkrise hielt die Welt in Atem, Ratingagenturen legten Kreditwürdigkeiten fest, und ganze Staaten – allen voran Griechenland – kämpften gegen die Zahlungsunfähigkeit.

## Bankenkrise

Im Herbst 2009 begann die Finanz- und Bankenkrise mit dem Bankrott der alteingesessenen amerikanischen Bank Lehman Brothers. In der Folge breitete sich diese Krise aus und wurde zu einer weltweiten Wirtschaftskrise, auf die die Regierungen allerorts mit umfassenden finanziellen Rettungspaketen reagierten, um die Banken zu stützen und die Konjunktur wieder anzukurbeln. Mehrere traditionsreiche Unternehmen wurden jedoch zahlungsunfähig und erklärten den Bankrott. Im Rücken der Krise geriet auch die Eurozone in Gefahr, da mehrere Länder dieser Zone zahlungsunfähig wurden.

## Rettungsschirm

Als Eurorettungsschirm wird die Gesamtheit aller Maßnahmen der Europäischen Union bezeichnet, die finanzielle Stabilität im gesamten Eurowährungsgebiet gewährleisten sollen. Zu diesen Maßnahmen zählen bilaterale Kredite, der Ankauf von Staatsanleihen, der europäische Fiskalpakt und der europäische Stabilitätsmechanismus.

## Energiepass

Mit dem Energiepass wird der Energieverbrauch eines Gebäudes bewertet. Der Ausweis wurde 2004 eingeführt und an mehreren Tausend Wohnungen getestet. Seither gilt: Bei Neubauten oder Änderungen von Gebäuden muss ein solcher Ausweis ausgestellt werden, um das Gebäude energetisch zu optimieren.

Der **Energieausweis** soll Mietern helfen, die potenziellen Heiz- und Warmwasserkosten abzuschätzen.

### Jobcenter

Mit dem Ausdruck „Jobcenter" werden seit der Reform des Arbeitsamtes zur Agentur für Arbeit durch die Hartz-Gesetze Behörden eines Kreises oder einer Stadt bezeichnet, die die Grundsicherung der Arbeit Suchenden übernimmt.

Die Jobcenter sollen proaktiv eingreifen und den Arbeitslosen Perspektiven und Möglichkeiten eröffnen, wie sie in Zukunft ihren Alltag ohne staatliche Förderung bestreiten können.

### Ratingagentur

Ratingagenturen sind private, gewinnorientierte Unternehmen, die gewerbsmäßig die Bonität von Unternehmen aller Branchen wie auch von Staaten bewerten. Die Ergebnisse der Agenturen werden in einem Rating zusammengefasst, dass von AAA (Triple A) bis D reicht, also von „exzellent" bis „in Zahlungsverzug". Die Aufsicht über die Agenturen liegt bei der European Securities and Markets Authority (ESMA). Ohne die Einwilligung der EU kann in Europa keine Ratingagentur gegründet werden. Auch hat die EU das Recht, einer Agentur bei Verstößen die Lizenz zu entziehen. Ratingagenturen wurden durch die Finanzkrise und die Herabstufung der Bonität von Staaten seit der Rezension 2008/2009 einer breiten Masse bekannt.

### Konjunkturpaket

Das Maßnahmenpaket Konjunkturpaket I wurde am 5. November 2008 verabschiedet. Es sollte in Anbetracht der weltweiten Konjunkturabschwächung als Folge der ernsten Krise auf den globalen Finanzmärkten Wachstum und Beschäftigung in Deutschland sichern. Da die Maßnahmen nicht ausreichten, verabschiedete die Bundesregierung wenige Monate später das Konjunkturpaket II zur Sicherung der Arbeitsplätze, Stärkung der Wachstumskräfte und Modernisierung des Landes, um die Auswirkungen der internationalen Finanzkrise auf die Realwirtschaft zu mildern und die schwere Rezession im Winter 2008/09 zu überwinden.

### Mindestlohn

Die Debatte um den Mindestlohn wird seit Mitte der 2000er-Jahre geführt. Einen allgemeinen, für alle Arbeitsverhältnisse gültigen Mindestlohn, wie ihn die Gewerkschaften fordern, gibt es allerdings nicht. Die Hoheit über die Regelungen der Tarife besitzen die Tarifparteien. Durch Lohntarifverträge können zumindest branchenweit Mindestlöhne festgelegt werden.

Das 2009 reformierte Arbeitnehmer-Entsendegesetz regelt Mindestbedingungen für Arbeitnehmer wie z. B. branchenspezifische Mindestlöhne.

### Sofortrente

Bei der Sofortrente wird eine Einmalzahlung in eine Rentenversicherung vorgenommen. Aus dem eingezahlten Kapital erhält man eine lebenslang garantierte Rente und zusätzlich zum garantierten Teil eine Überschussrente aus den erwirtschafteten Erträgen des Versicherers.

Vorsicht Begriffsverwechslung: Die Glücksspirale warb eine Zeit lang mit der Aussage „5000 Euro Sofortrente". Damit war eine monatliche Zahlung von 5000 Euro auf Lebenszeit an den Gewinner gemeint.

### Hartz IV

Unter dem Schlagwort Hartz IV wird das „Vierte Gesetz für moderne Dienstleistungen am Arbeitsmarkt" bezeichnet. Es umschreibt die Zusammenführung von Arbeitslosenhilfe und Sozialhilfe und wird bisweilen auch als Arbeitslosengeld II bezeichnet. Parallel dazu wurde die Bezugsdauer von Arbeitslosengeld I auf 18 Monate festgesetzt. Wer bis dahin keine neue Anstellung gefunden hat, bezieht daraufhin „Hartz IV", also Arbeitslosengeld II.

### Minijob

Der Minijob ist auch unter den Begriffen „geringfügige Beschäftigung" und „400-Euro-Job" in Deutschland bekannt.

Ein geringfügiges Beschäftigungsverhältnis ist für den Arbeitnehmer sozialversicherungsfrei und auch im Lohnsteuerrecht gibt es spezielle Regelungen.

Mit dem Hartz-II-Gesetz aus dem Jahr 2003 wurde die Geringfügigkeitsgrenze auf 400 Euro festgelegt. Daher entstammt der populär gewordene Begriff „400-Euro-Job".

Seit dem Jahr 2013 dürfen Minijobber 450 anstatt 400 Euro im Monat verdienen. Diese Heraufsetzung steht in der Kritik, weil dadurch sozialversicherte Beschäftigungen weiter verdrängt werden könnten.

### Reichensteuer

Das Schlagwort „Reichensteuer" entstammt dem Bundestagswahlkampf 2005. Es beschreibt eine Erhöhung des Einkommensteuersatzes für Personen mit besonders hohem Einkommen.

Diese Erhöhung wurde im Koalitionsvertrag der zweiten Großen Koalition aus CDU/CSU und SPD im November 2005 vereinbart.

## Ich-AG

Die Ich-AG ist kein amtlicher Begriff, sondern wird populär für Existenzgründungen aus der Arbeitslosigkeit heraus verwendet, die von der Agentur für Arbeit mit dem Existenzgründungszuschuss gefördert werden.
Das Konzept der Ich-AG trat mit den Arbeitsmarktgesetzen Hartz II am 1. Januar 2003 in Kraft. 2006 wurde diese Maßnahme durch den Gründungszuschuss für Existenzgründer abgelöst. Hierauf haben Arbeitslosengeld-I-Empfänger einen Rechtsanspruch, während Empfänger von Hartz IV dies nicht haben. Sie können jedoch das Einstiegsgeld, eine dem Gründungszuschuss ähnliche Förderung, beantragen.

## Auffanggesellschaft

Eine Auffanggesellschaft ist eine zur Rettung des Geschäftsbetriebs eines in die Insolvenz geratenen Unternehmens gegründete Gesellschaft. Sie übernimmt vom Insolvenzschuldner die Betriebsmittel und führt den Geschäftsbetrieb unbelastet von den bestehenden Verbindlichkeiten fort. Eventuell erwirtschaftete Gewinne werden an das insolvente Unternehmen abgeführt.

## Unwörter des Jahres

| | |
|---|---|
| Opfer-Abo | 2012 |
| Döner-Morde | 2011 |
| Alternativlos | 2010 |
| Betriebsratsverseucht | 2009 |
| Notleidende Banken | 2008 |
| Herdprämie | 2007 |
| Freiwillige Ausreise | 2006 |
| Entlassungsproduktivität | 2005 |
| Humankapital | 2004 |
| Tätervolk | 2003 |
| Ich-AG | 2002 |
| Gotteskrieger | 2001 |
| National befreite Zone | 2000 |

## Hedgefonds

['hɛdʒfõ:] Hedgefonds sind spezielle Investmentfonds, die sich durch ihre spekulative Anlagestrategie auszeichnen. Entsprechend dieser Strategie können Hedgefonds sehr hohe Renditen erwirtschaften. Sie tragen aber auch ein ebenso hohes Verlustrisiko.

## Heuschreckenkapitalismus

Das Schlagwort Heuschreckenkapitalismus wurde von dem SPD-Politiker Franz Müntefering geprägt, als er 2004 den internationalen Kapitalismus mit einer Heuschreckenplage verglich, bei der sich die Insekten auf eine Pflanze stürzen, diese „aussaugen" und danach zur nächsten Pflanze weiterwandern.

Der Definition nach ist der Heuschreckenkapitalismus eine von internationalen Finanzinvestoren betriebene Strategie, in Unternehmen zu investieren und sie rasch durch die Verlegung der Produktion in Niedriglohnländer profitabler zu machen. Dadurch können höhere Gewinne erzielt werden. Jedoch bringt diese Strategie einen Verlust an Arbeitsplätzen mit sich.

## Subprimekrise

['sʌb'praɪm…] Ab dem Frühjahr 2007 ließ sich auf dem US-Markt für Hypothekenkredite mit geringer Bonität (englisch: subprime) ein drastischer Anstieg von Zahlungsausfällen beobachten, der in der Folgezeit zu erheblichen Neubewertungen von Krediten, Notfinanzierungen von Spezialinstituten bis hin zum Zusammenbruch von Finanzinstituten führte.

## Anglizismen in der Wirtschaft

| | |
|---|---|
| **Meeting** | Besprechung |
| **Lunch Break** | Mittagspause |
| **Layout** | Grafischer Entwurf |
| **Beamer** | Projektor |
| **Know-how** | Wissen |
| **Message** | Nachricht |
| **Kick-off** | Anfang |
| **Briefing** | Zusammenfassung |
| **Feedback** | Rückmeldung |
| **Human Resources** | Personalabteilung |
| **Key Account** | Hauptkunde |
| **Display/Screen** | Bildschirm |
| **Incentive** | Anreiz |
| **Support** | Unterstützung |
| **Hotline** | Servicenummer |

# Wirtschaft

## Fair Trade

[ˈfɛə̯ˈtreɪt] Fair Trade bedeutet auf Deutsch zunächst so viel wie „fairer Handel". Mit diesem Ausdruck wird ein kontrollierter Handel bezeichnet, bei dem die Erzeuger der Handelsprodukte einen von Fair-Trade-Organisationen festgelegten Mindestpreis erhalten.

Da diese Bewegung sich hauptsächlich auf Handelswaren konzentriert, die in Entwicklungsländern produziert werden, wird durch die Fair-Trade-Politik gewährleistet, dass die Produzenten ein verlässliches Einkommen erhalten. Darüber hinaus achten die Organisationen darauf, dass vorgeschriebene Umwelt- und Sozialstandards eingehalten werden. Die Fairhandelsbewegung umfasste zunächst ausschließlich Waren aus der landwirtschaftlichen Produktion. Später kamen Produkte aus dem Handwerk und sogar der Industrie hinzu. Heute lässt sich eine interessante Entwicklung feststellen, weil sich das faire Handeln offensichtlich auch auf den Tourismus ausweitet: das „faire Reisen" – nach ökologischen Gesichtspunkten eng in Kontakt zu Einheimischen und deren Kultur in Regionen, die nicht touristisch erschlossen sind.

## Osterweiterung

Unter dem Schlagwort Osterweiterung laufen zwei unterschiedliche Prozesse.

Zum einen beschreibt er die EU-Erweiterung nach Osteuropa. Daher spricht man bisweilen auch von EU-Osterweiterung. Im Rahmen der Erweiterung der Europäischen Union in die Gebiete des ehemaligen Warschauer Paktes wurde im Jahr 2004 die bisher größte Erweiterung des Raumes der Europäischen Union vorgenommen. Am 1. Mai 2004 traten Estland, Lettland, Litauen, Polen, die Slowakei, Slowenien, Tschechien, Ungarn und Zypern der EU bei.

Auch die weiteren Beitritte von Bulgarien und Rumänien im Jahr 2007 gelten als Osterweiterung – genauso übrigens wie die möglichen Beitritte von Kroatien, Serbien, Montenegro, Mazedonien und der Türkei.

Andererseits wird auch die Ausweitung der NATO in die gleichen Gebiete in Osteuropa als Osterweiterung bezeichnet, als NATO-Osterweiterung.

# Wissenschaft

Vor allem die Naturwissenschaften und die Medizin erhielten durch neue Technologien neue Möglichkeiten. Die Genforschung und alles was mit ihr verbunden ist, wie z. B. die Entschlüsselung der DNA und das Klonen von Lebewesen, standen dabei im Vordergrund.

## Gendoping

Unter dem Begriff Gendoping versteht man die gezielte Manipulation der DNA von außen. Weiter ist der Begriff dadurch definiert, dass die Beeinflussung zu einem nicht therapeutischen Zweck geschieht und dass Zellen und Gene dahingehend beeinflusst werden, die eigene Leistungsfähigkeit steigern zu können.

Die langfristigen Auswirkungen der Änderung an der DNA sind noch nicht bekannt, sodass ein hohes Gesundheitsrisiko nicht ausgeschlossen werden kann.

## Künstliche Intelligenz

Ganz allgemein versteht man unter dem Begriff künstliche Intelligenz einen Roboter oder ein selbstständig denkendes Computersystem. Über Jahrzehnte war dieser Ausdruck jedoch lediglich Teil der Science-Fiction-Literatur. Mittlerweile gibt es auch ein Forschungsgebiet als Teil der Informatik, das mit diesem Ausdruck gekennzeichnet ist und sich mit der Automatisierung von intelligentem Verhalten beschäftigt.

## CERN

CERN, die Europäische Organisation für Kernforschung (Conseil Européen pour la Recherche Nucléaire), ist eines der größten und renommiertesten Zentren für physikalische Grundlagenforschung der Welt. Hier suchen Forscher nach den fundamentalen Gesetzen des Universums. Bei CERN werden die weltweit größten und komplexesten Geräte genutzt, um die kleinsten Bestandteile der Materie zu erforschen: die Elementarteilchen. Besondere mediale Aufmerksamkeit erhielt das 1954 gegründete CERN im Jahr 2008 durch seinen im selben Jahr fertig gebauten Teilchenbeschleuniger. Dabei handelt es sich um einen 26 659 m langen Tunnel, mit dessen Hilfe neue physikalische Erkenntnisse erlangt werden sollen. Die Forschungseinrichtung befindet sich im Kanton Zürich in der Schweiz. Insgesamt sind am CERN 3200 Mitarbeiter und 20 Nationen beteiligt.

## Schwarmintelligenz

Der Begriff Schwarmintelligenz wurde zum ersten Mal in Zusammenhang mit der Erforschung von künstlicher Intelligenz verwendet. Besonderes Interesse kam aus dem Forschungsfeld der Agententechnologie, in der es darum geht, mittels intelligenter, relativ selbstständiger und selbstlernender Programme komplexe Problemstellungen oder Optimierungsaufgaben zu lösen. Schwarmintelligenz bezeichnet die Fähigkeit eines Kollektivs zu sinnvoll erscheinendem Verhalten und wird auch als kollektive Intelligenz oder Gruppenintelligenz bezeichnet.

## Stammzellenforschung

Als Stammzellen werden Körperzellen bezeichnet, die noch keine feste Funktion haben, sondern sich noch in verschiedene Zelltypen oder Gewebe ausdifferenzieren können. Je nach Art der Stammzelle und ihrer Beeinflussung haben sie das Potenzial, sich in jegliches Gewebe (embryonale Stammzellen) oder in bestimmte festgelegte Gewebetypen (adulte Stammzellen) zu entwickeln. Besonders Letztere spielen eine wichtige Rolle in der Stammzellenforschung. Mit ihnen könnten kranke Zellen ersetzt werden oder solche, die z. B. durch Herzinfarkte oder neurologische Erkrankungen zerstört wurden.

## Lotuseffekt®

Abgeleitet aus der Natur der Lotuspflanze beschreibt der Lotuseffekt die geringe Benetzbarkeit einer Oberfläche. Das Wasser perlt von ihr ab, wird zu einem einzigen Tropfen und nimmt dabei auch allen Schmutz mit. Solche selbstreinigenden Oberflächen werden mittlerweile künstlich hergestellt und kommen beispielsweise in der Lack- und Farbenherstellung zum Einsatz.

Ob für Kleidung oder Häuserfassaden, die selbstreinigende Funktion der **Lotuspflanze** wird zahlreich von der Industrie nachgeahmt.

# Register

# Register

# Register

### Bildquellenverzeichnis

Bibliographisches Institut, Mannheim 10, 50, 52, 114; Bundesministerium für Ernährung, Landwirtschaft und Verbraucherschutz, Bonn 18; Deutsche Post, Bonn 63; shutterstock.com/Africa Studio 31, amasterphotographer 51, bloomua 25, ChameleonsEye 49, CLIPAREA l Custom media 76, CREATISTA 56, Dmitrijs Dmitrijevs 106, dream designs 74, Elinag 19, Liv Friis-Larsen 36, Markus Gann 103, GFranz 121, Goodluz 64, jcjgphotography 55, Pavol Kmeto 70, Alex Emanuel Koch 88, maigi 53, Markus Mainka 99, Chad McDermott 86, meunierd 82, mezzotint 94, MSPhotographic 35, Nataly-Nete 23, Nyuuness 105, pick 59, Michael Ransburg 112, Tony Robinson 79, Robnroll 20, rvlsoft 62, James Steidl 91, stockcreations 44, Eugene Suslo 101, tarczas 96, Ventura 11, vgstudio 14, Valentyn Volkov 65, yykkaa 24; Transrapid International, Gemeinschaftsunternehmen von Adtranz, Siemens und Thyssen 110

Von der Bibel bis Barack Obama

# Duden – Berühmte Zitate und Redewendungen

„Yes we can", „Es war die Nachtigall und nicht die Lerche" sowie
„Nach mir die Sintflut!" sind nur drei von über 500 berühmten
Zitaten und Redewendungen, die in diesem neuen Dudenband zu
finden sind. Besonders durch die ausführlichen Erklärungen zur
Herkunft und Bedeutung der Zitate ist dieses Buch ein Muss für
alle, die ihre Allgemeinbildung durch einen großen Zitatenschatz
erweitern wollen.
224 Seiten. Broschur

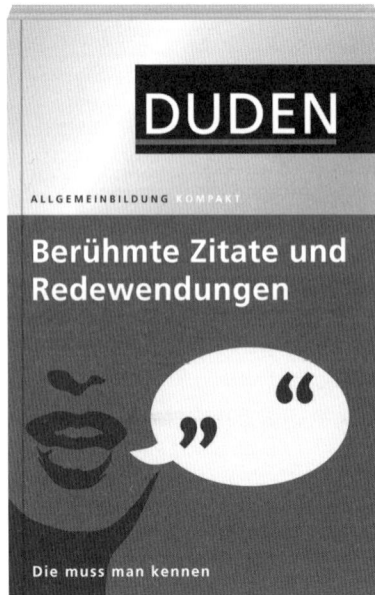